中华先锋人物
故事汇

朱彦夫

长津湖钢铁战士

ZHU YANFU
CHANGJIN HU GANGTIE ZHANSHI

李岫青 著

党建读物出版社　接力出版社

图书在版编目（CIP）数据

朱彦夫：长津湖钢铁战士 / 李岫青著. —南宁：接力出版社；北京：党建读物出版社，2024.2

（中华人物故事汇.中华先锋人物故事汇）

ISBN 978-7-5448-8444-0

Ⅰ.①朱…　Ⅱ.①李…　Ⅲ.①传记文学－中国－当代　Ⅳ.①I25

中国国家版本馆CIP数据核字(2023)第254205号

朱彦夫——长津湖钢铁战士

李岫青　著

责任编辑：刘　颖　　刘笑开
责任校对：高　雅　　李姝依
装帧设计：严　冬　　美术编辑：高春雷
出版发行：党建读物出版社　接力出版社
地　　址：北京市西城区西长安街80号东楼（邮编：100815）
　　　　　广西南宁市园湖南路9号（邮编：530022）
网　　址：http://www.djcb71.com　　http://www.jielibj.com
电　　话：010-65547970/7621
经　　销：新华书店
印　　刷：北京科信印刷有限公司
2024年2月第1版　　2024年2月第1次印刷
787毫米×1092毫米　32开本　　5.5印张　　84千字
印数：00 001—10 000册　　定价：25.00元

版权所有　侵权必究

质量服务承诺：如发现缺页、错页、倒装等印装质量问题，可直接联系本社调换。
服务电话：010-65545440

目 录

写给小读者的话 ⋯⋯⋯⋯⋯⋯⋯ 1

喜鹊叫喳喳的早上 ⋯⋯⋯⋯⋯⋯ 1
叫声吓跑了一只狼 ⋯⋯⋯⋯⋯⋯ 7
家里来了个"亲戚" ⋯⋯⋯⋯ 13
心中有个强烈的愿望 ⋯⋯⋯⋯ 25
想出一个好主意 ⋯⋯⋯⋯⋯⋯ 35
跟上部队去远方 ⋯⋯⋯⋯⋯⋯ 41
参加抗美援朝战争 ⋯⋯⋯⋯⋯ 51
攻克二五〇高地 ⋯⋯⋯⋯⋯⋯ 55
燃烧的高地 ⋯⋯⋯⋯⋯⋯⋯⋯ 59
战地上的友情 ⋯⋯⋯⋯⋯⋯⋯ 63

一顿特殊的"大餐"	67
连长是要拼命了	73
一个连的消亡	79
醒来已是春天	85
残酷的现实	91
一个难忘的日子	95
重燃生命之火	101
决意回家去	107
游子风雪夜归来	113
半夜惊醒一村人	119
人仰马翻的一天	125
娘的哭声揪儿心	131
把自己隐藏起来	137
从头再来又如何	143
灵魂伴侣陈希永	149
开启新挑战	157

写给小读者的话

亲爱的小读者，这个充满奇迹的传奇故事，需要从一九五〇年的一个漫天飘雪的冬日讲起。

那日，一辆蒙着绿色篷布的军车在冰天雪地中缓慢行驶着，车上运送的是一批从抗美援朝战场回国的中国人民志愿军伤员。其中，一个十七岁的小战士伤势最重，他被抬进长春的一所野战医院时，遍体都是烧伤和弹伤，失去了左眼，四肢全部被冻坏……

医生们看着这个伤势惨重、处在深度昏迷中的小战士，知道救活他的希望十分渺茫，但还是怀着救死扶伤的崇高使命，竭尽全力地抢救他。他们为小战士做了大大小小四十七次手术，在他烧伤的身上植皮，取出了数不清的弹片，锯掉了冻坏的双手和双脚。

尽管医生们尽了最大的努力救治他，但他头部内的弹片无法全部取出。小战士不仅没有醒来的迹象，截肢处还在大面积溃烂。为了保住他的生命，医生们不得不一次又一次地在他的截肢处再截去一截。当截到小战士的躯体已经不足一米时，他仍处在深度昏迷中，没有醒来的迹象。

小战士的眼窝和两腮一天比一天凹陷，身体骨瘦如柴，生命似乎走到了尽头。医生们虽然怜惜不舍，但还是无奈地将这个不知姓名的小战士抬进了专门抢救危重伤员的太平室。

谁也没有想到的是，在沉沉地昏睡了九十三天后，躺在太平室里的小战士竟然奇迹般地苏醒了。

原来，小战士叫朱彦夫。他十四岁参军，十六岁入党，先后参加过淮海战役、渡江战役、上海战役等战役，经历上百次战斗，十余次负伤，三次立功。在朝鲜长津湖地区的一次阻击战中，他和战友们冒着零下三十多摄氏度的严寒,与敌军鏖战三天三夜。在武器和人数与敌军相差悬殊的情况下,他们打退了敌军的一次又一次进攻。最后除他之外,全连指战员壮烈牺牲。

如果说朱彦夫在昏睡九十三天后的苏醒是一个奇迹,那么他在后来的人生路上更是创造了一个又一个奇迹!

亲爱的小读者们,你们想知道这些奇迹背后的故事吗?请打开书页,我慢慢讲给你们听。

喜鹊叫喳喳的早上

晨曦微露，窗外白桦上的喜鹊就喳喳地叫起来了。

静静地躺在病床上沉睡了九十三天的朱彦夫，耳朵里突然灌进了喜鹊的叫声。他僵硬的脸上闪过一抹不易察觉的笑意。他想要睁开眼睛，却无力睁开。他还没有真正醒来。

他不晓得，自己已经昏睡了这么久。在他长长的沉睡中，一九五〇年的寒冬早已远去，一九五一年的春天已经到来了。

喜鹊喳喳喳的叫声，仿佛有一股神奇的魔力，将朱彦夫的记忆带回到他的儿童时代，带回到他魂牵梦萦的家乡——山东省沂源县一个叫张家泉的小山村。

一九三三年夏天,在一个大雨滂沱的夜晚,朱彦夫出生在张家泉村的一个贫穷的农民家里。家里除爹娘外,还有一个八岁的姐姐,后来又添了一个弟弟。

朱彦夫最早的记忆就开始于一个喜鹊叫喳喳的早晨。那时,他只有四岁多一点儿。那天早上,是喜鹊喳喳喳的叫声把他从睡梦中吵醒了。他睁开眼睛,溜下炕,赤着脚,走出低矮的草房,循着喜鹊的叫声来到院子里的一棵枣树下。他仰起头,看了看树上的喜鹊,便绕着那棵枣树跑着玩了起来。

喜鹊们看到小彦夫在树下玩,不但不怕他,还叫得更欢了,仿佛在大声喊:"小彦夫快长大,小彦夫快长大……"

小彦夫友好地朝喜鹊们笑一笑,又时不时地跑到门口向远处眺望。在树木郁郁葱葱的大山中,有爹开垦的几块薄田。此时,爹正在一块田里劳动。

天有些旱,庄稼长势不好。每天天刚蒙蒙亮,爹就到田里劳作去了。

一股粮食掺杂着野菜清香的气味在空气里飘

荡，小彦夫不由得看向院子东边的那间又矮又小的草棚，娘正在草棚里摊煎饼。袅袅炊烟冒出来，惹得小彦夫的肚子响起一阵咕噜咕噜声。小彦夫的脸上漾起幸福的期待笑容。

"哼哼……"猪的哼哼声又把小彦夫的目光引向院子西边的猪圈。猪圈是用石头垒的简陋围墙围成的，在围墙的一角，三根木桩子撑起了几块薄石板。石板下卧着的一头黑猪，正饿得哼哼叫着，仿佛在等待一早就出去割猪草的姐姐回来喂它。

不一会儿，姐姐挎着一筐鲜嫩的猪草回来了。小彦夫看到姐姐，便弯腰捡起一颗青枣子，调皮地掷向她。青枣子落在姐姐的肩膀上，姐姐惊了一下，歪头看向枣树这边。

"呀！你这个小捣蛋鬼！"姐姐边笑着边说，"快过来，不然我告诉爹，让爹打你屁股！"

"爹才不舍得打我屁股呢！"小彦夫正说着，看到爹扛着一把镐头回来了。他高兴地喊了一声爹，就朝爹走来的方向跑去。爹立马扔掉镐头，伸开双臂，上前抱住了他。

他开心地在爹的怀里大笑起来："咯咯咯……"

这时，娘从草棚里出来了，把一碟刚切好的咸菜和一摞煎饼放在磨盘上，笑盈盈地招呼他们爷仨说："别闹了。煎饼摊好了，玉米糊豆也烧开了，都快过来吃饭吧！"

"我先去喂喂猪！"姐姐朗声说着，挎着筐子跑向猪圈。小彦夫立刻挣脱爹的怀抱，追在姐姐身后，边跑边嚷着："我喂！我喂！"

幼年的朱彦夫虽然家境贫穷，但爹慈娘善，姐姐也很爱护他。小彦夫在家人的疼爱下快乐地成长着……只是这样的日子没有持续太久。

一九三八年的冬天，朱彦夫五岁，日本鬼子的铁蹄越过鲁山，践踏到了他的家乡。

鬼子在东里店建起炮楼，设立了据点，三天两头就进村烧杀抢掠。老百姓的日子苦不堪言，再加上连年的旱情，他家的几块薄田几乎颗粒无收。为了生活，爹只好去南乡打工。

娘要照顾幼小的弟弟，朱彦夫便跟着姐姐外出讨饭。有一次，在一个村子里，一群小孩一边追着他们扔石头，一边高声叫骂着："打小臭要饭的！快来打呀，打小臭要饭的……"

姐姐拉着他赶紧跑，不料一块石头打在了姐姐的后脑勺上。顿时，鲜血就流了下来。

朱彦夫见此，立刻扬起小拳头，不顾一切地冲向那群孩子："狗娃子，敢打我姐，我和你们拼命！"

孩子们吓得纷纷扔下石头，落荒而逃。

从此，朱彦夫坚决不让姐姐去讨饭了。他对姐姐说："你留在家里上山挖点野菜，帮娘照顾弟弟。我已经长大了，我一个人去要饭，保证不会让娘、你和弟弟饿着。"

娘和姐姐都拗不过他，只好任由小小年纪的他每天天不亮就一个人出去要饭。几年里，小小的他走遍了家乡那一带的村村落落，每一条贫瘠的山道上几乎都留下了他的足迹。

叫声吓跑了一只狼

这一年冬天异常寒冷,刚一入冬,就下起了一场大雪。那天,朱彦夫身穿单衣,脚蹬一双毛窝子(用蒲草编的草鞋),天不亮就冒着大雪出门要饭去了。他走了一村又一庄,毛窝子底都磨透了,鞋帮也散开了,却一口吃的也没有要到。

临近傍晚,朱彦夫挎着要饭的篮子,拖着累得迈不动步子的双腿,拿着一根打狗棍,怀着最后一丝希望又走进一个村子。

"大爷大娘行行好,给我一口吃的吧。"他这样喊叫着,走进一户又一户。可在那样一个灾荒之年,谁家都缺吃少喝,哪还有吃的给他呢?可就在这种情境下,一户地主家大门口的狗盆里居然有半块煎饼。朱彦夫以为自己看错了，他擦擦眼睛再看看，狗盆里真的有半块煎饼。他又高兴又激动，光想着去拿那半块煎饼了，竟然没有注意到卧在狗盆旁的那条黑狗。他刚把手伸向狗盆，黑狗就在他的胳膊上咬了一口。朱彦夫疼得差点晕过去，但他忍着钻心的疼痛，一脚踢开黑狗，把半块煎饼抢了过来。

黑狗大声狂吠着、跳跃着扑上来，朱彦夫挥着打狗棍，一边恐吓黑狗，一边大声吼道："臭黑狗！滚一边去！你咬了我，别想再要回煎饼！"

黑狗一边躲闪着朱彦夫抡着的打狗棍，一边狂吠着朝他猛扑。朱彦夫不怕被狗咬，却怕狗叫声引来狗的主人。于是，他机智地瞅准时机，弯腰捡起掉落的篮子，一下子扣在了狗头上。他趁黑狗晕头转向猛晃着头上的篮子时，赶紧转身跑了。

地上的雪很厚，脚踏在雪里，要费力才能拔出来。朱彦夫根本跑不快，好在那只篮子还扣在狗头上，一时半会儿它也晃不下来。

朱彦夫一天没吃东西了，没跑多远，就感觉浑身没劲，迈不动步子了。可为了那半块煎饼，他只能咬牙坚持跑，直到累瘫在雪地里。

　　他扭头看看，见狗和主人都没追来，才放心地趴下身子，大口大口地喘了一会儿气。待恢复了一些体力，他抬起手来看了看那半块煎饼，又放在鼻子下闻了闻。虽说煎饼长了些许绿毛，冻得像石头那么硬，但闻着还是很香。

　　他早就饿得肚子瘪瘪的了，多么想咬一口这诱人的煎饼呀！可想到饿了一天的娘、姐姐和弟弟，他便把半块煎饼揣进怀里，抓起地上的雪大口大口地吞起来。

　　下了一天大雪，这会儿不仅雪停了，天也放晴了。月亮早早升起来，挂在东边的那座大山顶上，眼前的一切都被月光照得白茫茫的。

　　十几里山路，虽说大多是难走的上坡，但要在平时，他用不了多久就能飞奔回家。可那天雪下得有些厚，山路又崎岖不平，路边的沟沟坎坎都被大风刮起的雪花填平了。随着天色渐渐暗下来，他就更难辨认哪里是路，哪里是沟了。尽管朱彦夫很小心，但他还是一次又一次滑进了路边的沟里。最危险的一次是在一道小山梁上，他掉进了一个比他的身高还深的沟里，整个人被埋进雪里。所幸当天下的雪很松散，还没冻结实，他拼命扒拉了好一阵，才挣扎着爬出来了。

为了早点赶回家让娘、姐姐和弟弟吃上这半块煎饼，他明知雪厚坡滑，还是决定冒险抄近路爬个大陡坡。可就在他手脚并用，艰难地爬着那个又陡又滑的大坡时，耳边突然传来一声狼嚎。他猛地抬起头来，看到坡顶上竟然站着一只身形巨大的狼。

他顿时惊出一身冷汗，心里一紧，脚下一滑，叽里咕噜地滚了下去。他被黑狗咬得血淋淋的胳膊，被坡上的石头和荆棘弄得生疼。他蜷缩在地上一边打滚儿，一边像个怪兽似的嗷嗷叫起来，不料，他那凄厉的惨叫声竟把坡顶上的狼吓跑了。

一路磕磕绊绊，小小的他终于在半夜带着一身伤，深一脚浅一脚地回到了家。

朱彦夫一走进院子，就听见屋里传出娘和姐姐的哭泣声，他以为是娘和姐姐在担心自己，便大声喊着："娘！姐！我回来了！"

他三步并作两步跑进屋里。原来是弟弟禁不住饥饿，已经晕厥多时，在娘的怀中不省人事了。

他赶紧掏出那半块煎饼,喊道:"娘,别哭了!你看我带煎饼回来了,快泡一点儿喂弟弟!"

看到半块煎饼,娘和姐姐的眼睛都亮了,连昏暗的油灯也似乎变亮了。但紧接着,娘摇摇头,抽泣着说:"你和你姐吃吧,你弟弟没救了。"

"娘,弟弟是饿晕的,喂点煎饼,他会活过来的。"朱彦夫说着,把半块煎饼递向姐姐,"快!泡一点儿喂弟弟!"

姐姐接过煎饼,掰下一小块来,用温水泡进碗里。

令娘没想到的是,当姐姐把泡软的煎饼连饼带水喂到弟弟嘴里时,已经晕厥多时的弟弟居然张开了小嘴。

"他又活了!他又活了!"看到弟弟吃了泡煎饼后有了反应,娘惊喜地哭喊起来。

姐姐也高兴得哭了。接着,她又笑了,把剩下的煎饼掰一半递给娘:"娘,你快吃点吧,吃了好有奶水喂弟弟。"

"吃这一点儿也不会有奶水,还是你和彦夫吃吧。"娘也笑着说。

"我可吃不下了,今天要的饭多,我吃得可饱呢!"朱彦夫拍着饿得扁扁的肚子说。

姐姐自然不信,和他互相推让煎饼,却不小心碰到了他的胳膊。"哎哟!"朱彦夫忍不住叫出了声。

娘和姐姐这才知道他被狗咬了,姐姐心疼地撕下单衣上的一块布条,帮他包扎伤口。①后来,伤口变成了冻疮,直到第二年春天,才慢慢好起来。

---

① 提示:日常生活中如被猫狗咬伤,须立刻就医注射狂犬病疫苗。——本书脚注如无特别说明,均为编者注

家里来了个"亲戚"

转眼间，朱彦夫已经九岁了。初夏的一个晚上，家里突然来了一位"亲戚"。爹对朱彦夫姐弟仨说，如果有人问起来，你们就说他是从南乡来投奔咱家的亲戚，是你们的表舅。

朱彦夫有些怀疑这个亲戚的来历。朱彦夫家的祖籍是蒙阴县，从爹朝上数七辈，都是逃荒才来到张家泉村的。娘也是从蒙阴讨饭来的，爷爷见娘孤苦伶仃，就把娘留下来了，后来娘给爹当了媳妇。所以朱彦夫家在南乡压根儿就没有什么亲戚。

他要是八路军就好了！朱彦夫暗想。年前他外出要饭的时候，曾听说南乡那一带驻扎着八路军。有人说八路军打日本鬼子，手里的枪百发百中；还有人说八路军对老百姓可好了，他们能打跑鬼子，让老百姓过上好日子。爹长期在南乡打工，说不定早就见到过八路军了吧？

爹的名字叫朱青祥，为人耿直勇敢，热心善良。平日村里谁家有灾有难，爹总是倾其所有给予帮助。虽然他们家在张家泉村是独一户姓朱，但全村姓张的人家都对他家十分友好。

朱彦夫猜测，像爹这样一个是非分明的人，不可能不去接近对老百姓好的八路军。如此一想，这个亲戚极有可能就是八路军。

如果亲戚是八路军，为什么只有他一个人呢？一个人怎么能打跑那么多鬼子？不打跑那么多鬼子，老百姓怎么过上好日子呢？

因为有这些猜测和疑问，他就总是观察那位亲戚。除了觉得亲戚和当地农民不太一样外，爹和亲戚走到哪里，他就跟到哪里。亲戚和爹去屋后搬石头，他也跟着去搬石头。他们上山砍树干，他也跟着去砍树干。亲戚似乎总是想支开他，听到弟弟哭了，便赶紧对他说："彦夫，你下山去看看弟弟吧，你长大了才砍得动这树干呢。"爹也催促他快回去，这更增添了他对亲戚来历的怀疑。

有一天晚上，朱彦夫被一泡尿憋醒了。他去院子里撒尿时，发现亲戚不在棚里，回屋后看爹也不在炕上，猜测亲戚和爹又一起出去了。朱彦夫使劲忍着困意没睡，直到鸡叫三遍时，他听到篱笆门响了一下，知道是一夜未归的亲戚和爹回来了。

他立刻起身，来到院子里，听到棚里有动静，便蹑手蹑脚地来到棚门口，猫着腰站在半截篱笆门外偷听。他听不太清爹和亲戚说什么，只是偶尔听到"炮楼""鬼子"这样的几个字眼。为了听清他们说什么，朱彦夫使劲把耳朵往篱笆门上贴，不料门被他一下子顶开了，他也就顺势扑进了棚里。

亲戚和爹吓了一大跳，看清是他后，两人都松了一口气。爹面带怒色地问："你半夜不睡觉，跑出来干什么？"

"我……我出来撒尿的，听到棚里有动静，还以为有贼呢！"他机智地说。

"你这小鬼可真机灵，"亲戚和蔼地说，"快回去睡觉吧，我和你爹在商量你家盖新房的事呢。"

"我家盖新房干什么？"朱彦夫问。

亲戚笑着说:"盖新房,住新房,不好吗?"

"好!我要表舅和我们一起住新房,带领我们打鬼子!"

"彦夫!"爹严肃地说,"小孩子怎么乱说话?!"

"您别吓着孩子。"亲戚朝爹摆摆手,抚摸着朱彦夫的肩膀说,"我早听你爹说了,说你是个聪明懂事的孩子,你可要保守秘密!"

"保守什么秘密?"朱彦夫激动地问。

亲戚伸出右手,做了个"八"的手势,脸上带着笑意,一双明亮的眼睛充满信任地看着他。

"您……您真是八路军?!"朱彦夫惊喜得喊出了声。

"嘘……小声点。"亲戚脸上的表情也像爹一样严肃起来,很认真地说,"要保密,不要对任何人讲晚上我和你爹出去侦察的事,你能做到吗?"

"能做到!"朱彦夫兴奋极了。

爹脱下褂子,披在他身上,面色凝重地对他说:"千万记住,有人问起来,一定要说侦察员是咱家南乡的亲戚,是你们的表舅。"

哇，原来他是八路军侦察员呀！朱彦夫心里激动地想着，用力点点头，转脸去看侦察员。侦察员依旧满脸笑意地看着他，朝棚外努努嘴，说："天还没亮呢，你快回屋再睡一会儿，小孩子得好好睡觉！"

那晚之后，朱彦夫好像一下子长大了许多，干活儿或外出要饭时，总感觉浑身都是劲。一想到八路军侦察员住在自己家里，他就感觉无比自豪。

秋后的一个晚上，当整个小山村静静睡去时，爹和侦察员又一起出去了。只是，这次他们没有在天亮之前回来。

朱彦夫有些担心，娘自然是知道亲戚的秘密的，便安慰他说："也许这次走得远，过一两天准回来。"可一连过去好几天了，爹和侦察员仍不见踪影，娘也有些急了，便让朱彦夫出去寻找。他立刻挎上要饭的篮子，跑出了家门，奔向村东的山路。

远远地，他看到一群人朝这边走来。起初他看不太清楚，以为是邻村有人办喜事。当那群人又走近了一些，他看到人群中有一匹大马正晃晃悠悠往这边来。

不好！是鬼子！日本鬼子进村庄扫荡时，鬼子队长每次都骑着大马，举着明晃晃的指挥刀。

朱彦夫来不及多想，赶紧转身跑回家。娘见他跑得上气不接下气，忙问怎么回事。他喘着粗气，指着身后，神情紧张地说："鬼子又来扫荡了！娘，你快领姐姐和弟弟到山上躲一躲！"

"那……那你呢？"娘慌张地问，忙让姐姐领着弟弟往山上跑。

"我先收拾收拾表舅的东西！"朱彦夫一边说着，一边跑进新盖起来的小东屋。

朱彦夫刚把侦察员的茶缸、皮带和衣服等东西藏到屋后的树林里，鬼子就进村了，而且直奔他家的方向。

朱彦夫心里一惊，难道爹和侦察员的事让鬼子知道了？他想起刚才出来的时候，娘还在家里收拾东西，急忙又飞奔回家里。

"娘！快跑，快别收拾了！"朱彦夫边说着边拉着娘往外跑，他们刚迈出屋子，鬼子兵就拥进院子里来了。

朱彦夫看到鬼子身后的几个汉奸抬着一个人。鬼子队长一挥手,几个汉奸往前走了几步,扑通一声把抬着的人扔在了他和娘跟前。

"爹!"朱彦夫认出地上的人是爹,不由得失声惊叫了一声。娘则一下扑在爹身上,号啕大哭起来。

只见爹的头和脸上全是血,身上被打得都是伤,衣服也被扯得一缕一缕的。爹赤着脚,被折磨得奄奄一息。

朱彦夫看到眼前的爹,只觉得天旋地转,双腿一软,一下扑在了娘身上。这时,几个汉奸走上来,粗鲁地把他推开,一把扯起娘,连拖带拉地把娘扔到鬼子队长的马下。

鬼子队长从马上跳下来,对旁边的汉奸叽里咕噜地说了几句。那个汉奸便走上前去,恶狠狠地朝娘吼道:"你男人胆大包天,竟敢带八路军侦察皇军的据点,活该被抓!快说,八路军是不是藏在你家里?"

"没有,我家只有一个亲戚。"

"亲戚?去哪儿了?"

"打工去了!"

"你敢撒谎,皇军把你全家都杀光!"

"我说的是实话!"

汉奸见从娘嘴里问不出什么,便朝娘的头上凶狠地踢了一脚,又过来一把扯起朱彦夫:"小孩,你说!你家是不是住着八路军?快说!"

"八嘎!"鬼子队长也大吼一声,朝娘唰地抽出明晃晃的长刀,恐吓朱彦夫。

悲伤和愤怒挤跑了朱彦夫的恐惧,他一下挣脱汉奸的魔爪,一步跨到娘的面前,用自己的身体挡住鬼子的刀,双眼狠狠地盯着鬼子队长那张狰狞的面孔。鬼子队长猛地举起长刀,劈向朱彦夫的脑袋,娘见状急忙把他往旁边一拉,鬼子手里的刀砍在了朱彦夫的肩膀上,顿时鲜血喷溅。朱彦夫感到一阵钻心的疼痛,一下子瘫倒在地上,便什么也不知道了。

当朱彦夫醒来的时候,他发现自己躺在院子里,娘坐在旁边放声大哭。鬼子已经走了,而爹和娘还在院子里,他一阵欣慰。忽然,他听到身后噼啪作响,忙扭头去看,眼前的情景让他震惊了:鬼子把他家的房子点着了，滚滚浓烟伴着黑红的火苗顺着风呼呼地冒着，原来的屋子和新盖的小东屋被烧得都只剩下残垣断壁了。朱彦夫想爬起来看看爹，劝一下娘，可剧烈的疼痛使他又一次晕了过去。

当他再次醒来的时候，自己已经躺在了炕上。姐姐坐在旁边，见他醒来，忙起身说道："彦夫，你的肩膀好些了吗？张婶给你包扎起来了。"

"咱爹呢？"朱彦夫忍着疼，咬着牙问。

"咱爹……死了。"姐姐的眼泪涌了出来。

"那我们这是在哪里？"朱彦夫伤心地问。

"我们在张婶家。咱家的房子已经被鬼子烧了。"姐姐哽咽着说。

当日，在娘撕心裂肺的哭声中，张婶和乡亲们帮忙把爹埋在了屋后的松树林里。

他们家没有房子住了，张婶又领来几个人在院子里搭起几根杆子，捆上些秫秸，里边铺些茅草，帮他们娘几个搭了一个透风漏雨的"团瓢"①。

---

① 团瓢：亦称团焦，指圆形草屋。

朱彦夫的肩膀上被鬼子砍去了巴掌大的一块肉，娘没钱买药，只好用土方法帮他处理伤口，再用破布条子把伤口缠起来。可伤口还是感染了，脓包肿得很高，娘只能用剪刀剪开，帮他往外挤着脓。九岁的朱彦夫痛得浑身冒汗，但每次都咬紧牙关，不叫也不哭，因为他知道疼在他身上，也疼在娘心上。

躺在团瓢里发着高烧的朱彦夫，发觉有好几天没看见姐姐了，便问娘："我姐呢？她又去要饭了吗？"

"你姐……她……"娘吞吞吐吐地说不出口。

"我姐她怎么了？娘你快说呀！"朱彦夫忍着痛，一骨碌爬了起来，"娘快说呀！"

"你姐……苦命的孩子！可怜的闺女呀！娘对不住她呀……"娘像被戳到了痛处，拉着长音，两手又搓头发又捶胸，放声悲号起来。

原来，爹死了，他受了伤，弟弟又小，家里一下子天都塌了。一家人没有吃的，没有住的，弟弟饿得整天又哭又叫。娘被逼无奈，只好一狠心，把姐姐卖了。

一个鲜活的女儿，只换来两斗谷子。娘用这谷子掺上野菜和树叶熬成了糊糊，弟弟还没能喝上几碗，在一天傍晚，就被大伯偷偷放进一个篓子里，卖到外县去了。

娘打听不到弟弟的去向，最终因承受不住这一连串的打击，精神崩溃，一会儿号啕大哭，一会儿又大笑不止。

幼小的朱彦夫，看着疯疯癫癫的娘，心中生出一个坚定而强烈的愿望——我要去参军！我要消灭日本侵略者！我要砸烂这吃人的社会！

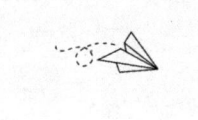

心中有个强烈的愿望

一九四四年，中国共产党领导的敌后军民在华北、华中、华南地区，对日军、伪军普遍发起局部反攻。山东根据地军民发动攻势，共进行较大战役十五次，歼灭日军、伪军近六万人，攻克县城九座，逼退敌据点二百余处，解放人口九百三十余万。

寒冬终将逝去，暖春总会到来。乡亲们腰系红布条，跳着秧歌欢庆解放。家家户户都拿出平日里舍不得吃的粮食，夹道欢迎、慰问八路军战士。朱彦夫也加入了欢庆的队伍。

次日天不亮，朱彦夫就挎着篮子，去村北的那片树林挖野菜。远远地，他看到战士们排着整齐的队伍,唱着嘹亮的歌,手握钢枪在操练,心里既感激又羡慕,渴望自己也能去参军。

他看到一个小战士,在树林边擦枪,便走上前去问:"你是怎么当上兵的?"

小战士回答:"自愿当的呗。"

朱彦夫的眼睛一亮,忙问:"那我也自愿当兵,行不?"

小战士看了他一眼,把手里的枪一竖,微笑着说:"你可不行,你还没有一支步枪高呢!"

朱彦夫尴尬地挠挠头,走开了。走了几步,他又回头朝小战士嘀咕道:"辣椒越小,还越辣呢!"

下午的时候,朱彦夫听说部队要走了。他想起惨死的爹,疯掉的娘,被卖的姐姐和弟弟,便飞奔着追上队伍,拉住一位八路军叔叔的手,边哭边说:"叔叔,我要当兵,请把我带走吧!"

"小老乡,你为什么想当兵呢?"

"我要报仇!我爹是被日本鬼子杀害的,我娘是被他们逼疯的,我姐……"

听完朱彦夫的哭诉,八路军叔叔爱怜地抚摸着他的肩膀说:"你爹死得很光荣,你一家人的苦都是日本鬼子造成的，我们八路军就是要消灭他们。你想当兵，说明你很勇敢，但是你现在还太小了，等你长大一些再参军，好吗？"

"我不小了，已经十一岁了，不，"朱彦夫挺直胸脯，"我很快就十二岁了！"

"十二岁也不到参军年龄，听叔叔的话，再等几年吧。"

虽然有些失望，但八路军叔叔的话让朱彦夫充满了希望。看着渐渐远去的八路军队伍，他暗暗发誓：等我再长大一些，一定要去当兵！

娘的疯癫病越来越重了，区政府了解情况后，派人把娘接到医院去住院治疗，还给朱彦夫送来一些粮食。有了粮食，他就不用再去要饭了，但他知道，政府送的粮食很快就会吃完，等自己当兵走了，娘就没粮食吃了。于是，小小年纪的他，每天不等天亮，就到山上开垦土地，为的是自己当兵后，娘有地种粮食，就饿不着了。

早年爹开垦的那几块地，在乡亲们的帮助下，他一个十来岁的孩子也完成了刨、种、锄、割、担这些农活儿。这年秋天，政府搞减租减息，土地改革。他虽然不太懂这些，但今年秋天的收成明显多一些，光地瓜他就挑回来一大堆。看着自己垛在北墙根的地瓜干和玉米，他开心地想，这个冬天终于不用去要饭了。

腊月的一个傍晚，有人给他捎信来说，娘的病已经好了，让他这几天把娘接回来。朱彦夫一听高兴得又蹦又跳。这大半年的时间里，他像个没人疼的孤儿。

想到娘就要回来了，朱彦夫躺在炕上高兴得睡不着觉。他半夜就爬起来，为娘回家做准备。他摸黑抱来一些新麦秸，在炕上铺了厚厚的一层，怕娘冷，他又把张婶给他的一床破棉褥铺在了娘那头。铺好炕，他环视一圈，发现水瓮里的水不多了，赶紧提起泥罐去打水。

都收拾利索后，天才蒙蒙亮。他往怀里揣上几块地瓜干，便飞跑出门，直奔娘住院的医院。他太想娘了。

他家离医院有三十多里地，他大概用了四个小时就跑到了。见到他来，娘也十分高兴，却又忍不住撩起衣襟抹眼泪。自打家里发生变故，娘和他是彼此唯一的依靠。可娘疯癫后，有时连他这个亲儿子也不认识，他幼小的心里有太多委屈无处诉说。见娘又恢复了往日的模样，他一时悲喜交集，扑在娘的怀里，眼泪哗哗直流。

一个婶子端来两个馒头，一块咸菜，让他趁热吃。他把馒头推给娘吃，说他已经吃地瓜干吃饱了。娘哪里舍得吃，把两个馒头都揣进了他怀里。娘提起一个小包袱，牵起他的手往家走去。

走到半路上，天空飘起雪花。雪越下越大，看着漫天飞雪，朱彦夫更高兴了，在雪地上撒起了欢儿。娘见他蹦蹦跳跳的样子，脸上露出了久违的笑容。

快到家的时候，朱彦夫一时兴起，拉着娘的手快步攀上村北的山梁。娘很纳闷，问为啥带她到这里来。他抬手一指，自豪地说："娘，你看到了吗？那块地，还有那块地和那块地，都是我开垦出来的！现在老天爷给盖上了一层厚厚的雪被子，来年就不旱了。开春耕种，秋天一定会有好收成。"

娘虽然很心疼他小小年纪就干这么多的体力活儿，但看到他高兴，娘也喜笑颜开。

回到家，天已经擦黑了。朱彦夫点亮油灯，又点了一把柴火，把两个馒头烤了烤，递给娘一个，让娘趁热吃。娘说自己想吃地瓜干了，把馒头推给他吃。他知道娘是舍不得吃，说娘若不吃，他也不吃。娘只好接过馒头，慢慢地啃着。

烤馒头可真香呀！从小到大，他这还是第一次吃这么好吃的馒头。娘吃着吃着停了下来，说已经吃饱了，想省下大半个馒头留给他吃。朱彦夫见此，也把馒头放下，说他也吃饱了。娘有些无奈，却幸福地笑起来，他也咯咯地笑起来。

借着昏暗的油灯，娘看着垛在北墙根的地瓜干和玉米，既高兴又心疼地说："真是辛苦你了，才这么小的年纪，就学会了种地打粮食，还开垦了几块土地。"

朱彦夫一高兴，便随口说道："娘，我想去当兵，给爹报仇！有了地，我走后你就不愁吃的了。"

娘一下子愣住了，眼睛紧紧地盯着他，那眼神有些怪诞。他有些害怕娘的那种眼神，正不知如何说时，娘开口说道："娘知道你想当兵打鬼子，为你爹报仇，可是你才十一岁呀！到部队去你能干啥呢？再说了，娘就你一个孩子了，你要去当兵，万一有个好歹，娘……娘可咋活呀……"娘说着扭过脸去，抹起眼泪来。

朱彦夫连忙安慰娘，说现在就是不去当兵也能为爹报仇了。头几天他还听人说，在东乡的唐庄和西乡的黄庄，老百姓都成立民兵游击队了，专门打鬼子和汉奸，上级还奖励了枪支弹药。唐庄有个民兵队长，料事如神，他带领着一伙老百姓埋地雷，炸鬼子的据点，吓得鬼子和汉奸心惊胆战。黄庄还有个民兵，他把一个提包扔在公路上，扫荡的鬼子和汉奸看见了，一窝蜂似的扑上去争抢，结果一声巨响，把他们炸得飞上了天，因为那个提包里装着地雷……

娘走了一天的路有些累了，听着听着就睡着了。在昏暗的油灯下，朱彦夫看到两行清泪挂在娘清瘦的脸上。生活的磨难让娘的脸上已爬上了皱纹。朱彦夫暗暗发誓，再也不让娘吃苦受累了，他要留在娘身边，好好地侍奉娘。

"我就算不去当兵，在村里当个民兵也很好，一样可以打鬼子报仇！"朱彦夫安慰自己说。

一九四五年八月，日本鬼子投降了。朱彦夫和村里人一道敲锣打鼓，扭着秧歌，庆祝抗战胜利。他还专门去爹的坟前，告诉爹，鬼子被打跑了，抗战胜利了。

眨眼间，一九四六年到来了。朱彦夫又长大了两岁。他家被鬼子烧掉的房子，在乡亲们的帮助下，重新盖起来了。这一年秋天，政府来人领着群众搞土改复查，把地主富农家多余的财产征收来，分给了穷人。

朱彦夫家分到了一张小木桌，一个木箱子，还有几床被子。娘抚摸着几床棉被，高兴得都看不够。接着，娘又把几床被子叠好，放进那个木箱里，说留着给朱彦夫长大以后用。

虽说解放了，日本鬼子被打跑了，但是国民党又来了。他们到处烧杀抢掠，让老百姓的生活苦不堪言。朱彦夫把这些都看在了眼里，记在了心里。

在政府的号召下，乡亲们喊出了"不吃二遍苦，不受二茬罪"的口号。青年人带着和朱彦夫同样的家仇国恨纷纷报名参军，奔赴前线。西乡的一家爷仨一起报名了,还有一个村的十三名青年全部参军了……报名参军的人个个披红挂彩,在周围村子里游行宣传。

听到这样的消息,看到这样的情景,朱彦夫既羡慕又激动,当兵的愿望再次强烈地冒出来,并且比之前更加强烈、更加坚定了!

想出一个好主意

春末时分,孟良崮战役①便拉开了序幕。为支援前线,各村各户都出工出力,投入到一条战时公路的紧急修建中。朱彦夫自然也不落下,积极地跑去参与,手脚磨出了血泡,也顾不上痛。他觉得能让解放军行走在自己参与修建的公路上去打仗,就像自己也参与了战斗一样,无比光荣和自豪。

一九四七年秋末,部队又招兵的消息像长了翅膀一样迅速传遍山里山外。区里县里都在动员青年报名参军,杀敌立功。

---

① 孟良崮战役是解放战争时期中国人民解放军在山东省蒙阴县孟良崮地区对国民党军的进攻战役。此役,对挫败国民党军对山东解放区的重点进攻具有决定性意义。

朱彦夫得知消息，激动得连饭也顾不上吃，就跑到区上报名。一路上他都信心满满，心想：这下好了，自己终于有机会当兵了。

区政府门口聚集了好多人，他一打听才知道，他们都是来报名参军的。有年轻的，也有看上去不是很年轻的。墙上贴的那些"保家卫国"之类的标语，他不识字，也看不懂。朱彦夫个头儿小，看不到前边的情况，只好使劲往前挤。很快，他就挤到了最前边，那里摆着桌子，两个解放军战士在登记。

看到他，一个战士笑着说："小老乡，到别处去玩吧，这里在报名参军呢！"

"我就是来报名参军的，快把我也写上吧！"

"把你也写上？你多大了？叫什么名字？"

"我叫朱彦夫！我十五了！"朱彦夫怕人家嫌他小，说的是虚岁。

"十五岁还不到参军的年龄，请回去吧！"

朱彦夫祈求道："叔叔，你就把我写上吧！"

"可是你还太小了，没看见墙上贴的告示吗？要年满十八岁才可以报名。下一位……"

朱彦夫一下扒住桌子，还想再多说几句，可一个长得人高马大的人走过来，一边拽着他的胳膊往旁边拉，一边对他说："你还想当兵？给你枪，你也扛不动呀！"

这话引起一阵哄笑，朱彦夫又羞又气，脸都涨红了。他气鼓鼓地朝那人哼了一声，头也不回地走了。

唉，又当不成兵了，人家还是嫌我年龄小。我要是早出生两年就好了。真是的，当兵为什么要规定年龄呢？他心里沮丧极了，心不在焉地踢着路边的小石头。他边走边踢了好一阵子，才想起心疼他的鞋，看到鞋尖都起毛了，他赶紧把鞋脱下来，小心翼翼地摸了摸起毛的地方，接着又解下系裤腰的绳子，一头一只，把两只鞋拴好挂在了脖子上。

他赤着脚，提着裤子，慢悠悠地往家走去，边走边嘟囔着："不让我去当兵，我偏要去当！我偏要让他们看看，年龄小扛不扛得动枪……"

忽然间，一个好主意蹦进了他的脑子里：我干吗非要登记上才去当兵呢？我不登记也可以去当兵呀！只要我跟着部队走，部队走到哪里，我就跟到哪里！对，就这么干！他们也不能把我怎么样吧？真要赶我回来，我就耍赖说不认识回家的路了。这样一来，我不就留在部队了吗？我留在部队了不就参军了吗？！啊哈！我太棒了！

他高兴得一蹦一跳地跑回家里，忍不住想把他的好主意说给娘听。可话到嘴边，想起自己还不到征兵年龄，娘可能舍不得让自己走，他开始纠结要不要把自己的想法告诉娘……

不行！

朱彦夫决定先不告诉娘了。可要是不告诉娘，娘生气怎么办？朱彦夫想不出好对策。他转念一想，或许娘不会生气呢。参军是响应政府号召，是很光荣的事，娘也许会为儿子参军感到自豪呢。

这样一想，他心里轻松了一些，可想到就要离开娘，离开生活了十四年的家乡，他也很舍不得。

朱彦夫想着，自己参军后，政府和张婶也会帮着照顾娘的，而且，娘的身体这两年也恢复得很好了，等过几年自己打完仗回来，再守在娘身边，好好孝顺娘吧。他还想着，待自己胜利归来，要好好建设家乡。

朱彦夫参军的心意已决。他跑到地里,把还没来得及运回家的秋秸扛回来,将刚晾晒好的地瓜干垛整齐。他从山上砍来一些冬天要烧的木柴,劈好垛在墙根;又从屋后搬来些石头,和了堆黄泥,将夏天被洪水冲塌的院墙重新垒了起来;又提起泥罐去打水,将水瓮填满……

他这些反常的举动终于引起了娘的注意:"儿呀,这两天咋这么下力气干活儿呀?连歇也不歇,不累吗?"

"娘,我听人家说,干活儿多,出汗多,个子长得高。"他搪塞道。

为了节省灯油,娘总是天一擦黑就早早上炕躺下。朱彦夫就要离开了,他一个人坐在门前的台阶上。月光下,他依依不舍地看着院子里的一草一木。香椿树、核桃树、小槐树、大榆树、桃树、杏树,还有那棵枣树,都是陪着自己长大的伙伴。篱笆墙上的树枝是自己从山上砍回来的,院墙上的每一块石头,他都熟悉它们的形状和颜色……

当然,最留恋、最放心不下的还是娘。

娘呀,要是谁都舍不下娘,不去当兵,谁来保家卫国？娘呀，你别怨儿子呀！为了更多的母子不分离，为了早日解放全中国，为了让老百姓都过上太平日子，娘就原谅儿子吧！

朱彦夫怀着对娘深深的愧疚，一直坐到了后半夜。他在娘细细的鼾声里，蹑手蹑脚地走进屋里。他走到娘的炕边，用微微颤抖的手为娘掖了掖盖在身上的被子，又深情地看了看熟睡中的娘，眼含热泪，辞别而去。

跟上部队去远方

朱彦夫在天亮时赶到了区上,前几天还热热闹闹的区政府大院变得冷冷清清的了。一打听才知道,部队已经走了,到南边的沂水县集结去了。

"哎呀,我怎么来晚了呀?!"朱彦夫跺了一下脚,连一分钟都没有耽搁,迈开步子,就朝沂水方向追去。

一百多里山路,他心急火燎地走一会儿,跑一会儿,生怕追不上部队。终于,在太阳落山前,他在沂水城边追上了部队。他长长地舒了一口气,虽然他已经累得筋疲力尽,但心里却很欣慰。

他不敢靠近部队,就在部队附近找了个地方休息。这时肚子饿得咕咕叫,幸亏离家的时候,他往怀里揣了一些地瓜干。他掏出来啃了几块，肚子不饿了，心却又悬起来：自己的办法到底行不行呢？娘要是找不着我，肯定很着急吧？娘可别再急疯了呀！唉，为了参军，我让娘担忧了。部队可千万别不要我呀……他又担心，又着急，眼泪在眼眶里打起转来。

夜深了，露水渐重。朱彦夫穿的破衣烂衫被打湿了，他冻得浑身直哆嗦，困得上下眼皮也在打架，他不敢睡觉，怕自己睡着了，部队又走了。他站起身来，在原地转圈圈，来驱赶寒冷和困意。

果然，下半夜的时候，部队开始出发了。朱彦夫一下子来了精神。部队是一队一队的，中间有很大的间隔。趁战士们不注意，他嗖地一下钻进了一个间隔，既不靠前边的那队太近，也不离后边的这队太远，一直保持在两队中间前行。

他心里像有一面被敲得咚咚响的小鼓，既兴奋又紧张，总担心人家来问他是干什么的。在黑夜里行军，除了嗒嗒的脚步声，还有手电筒晃来晃去的点点光亮。

也许就快进入阵地了吧，看来就快打仗了，可要是开始打仗，我还没有枪，这可咋办呢？他着急地想着。

可直到天亮也没打仗，但他却被发现了。人家把他赶离这个队列，他就跟上另一个队列。部队停下来休息，他也停下来休息；部队一出发，他就立刻跟上。

部队白天走，晚上也走。他就一直跟着，走了三天三夜，部队到了泰安的大汶口附近。大汶口南边有个小站叫南驿车站，这个小站朱彦夫一辈子也不会忘记。就是在这里，他的哭诉，他的诚心，他的毅力，感动了一位连长，部队终于接纳了他，同意他参军了。

年仅十四岁的朱彦夫，如愿以偿地穿上了军装，扛起了钢枪，成为一名光荣的解放军战士。

遗憾的是，他还没有来得及问那位连长的名字，他们就分别了。

他也很快就迎来了参军生涯中的第一次战斗——攻打兖州。

在战斗开始之前，朱彦夫所在的连队不断进行战前动员，特别是针对新兵，传授了很多战斗过程中的常识和经验。朱彦夫是第一次参与战斗,他身心都被兴奋和紧张充盈着,并没有把那些常识和经验听进脑子里。他只是学着战友们的样子,一遍一遍地把枪擦得干干净净,卸下刺刀来试它的锋芒,恐怕它不够锋利。

终于奔赴前线了,朱彦夫站在队列中,随着大部队前进,心咚咚地跳得可快了,说不清是兴奋还是紧张。呼啸的炮声仿佛就在耳边炸响,尘土和浓烟直往眼睛、鼻子和嗓子里钻。他看不太清路,也听不清班长喊了些什么。他紧握着枪的双手湿漉漉的,应该是出汗了,腿有些发软,似乎在颤抖,脚步也有些踉跄,快要跟不上战友们的脚步了。

忽然,班长迅疾地停下来,大声喊出命令,大家都迅速卧倒在弹坑里。他刚想抬头看看前面的情况,就听班长喊道:"新兵留下,老兵跟我上!"

趁班长带老兵往前冲,他又勇敢地抬起头来。这一次他看清了,在前面一百多米远的地方,有一堵高高的城墙,城墙上有五六架机枪,喷射出一串串火舌,交叉成扇面,跟刮狂风一样,凶猛且不停地扫射着。

冲上前去的战友，有的倒下了，他仿佛看到了当年倒在地上的爹。一股冲天的胆气，让他忘记了害怕。他一下子跳出掩体，不顾一切地往前冲去。

突然间，一个人猛地跳起来，将他用力按倒了。一阵密集又猛烈的扫射过后，按着他的人才把手松开，原来按倒他的是班长。班长抬起头，整个面部和衣服上都沾满了机枪扫起的烟雾和尘土，双眼赤红如烈焰，狠狠地凝视着前方。

突然间，班长又立起身来，用力扔出绑在一起的两颗手榴弹，随即跳出掩体，同时大声喊道："共产党员，跟我上！"

在轰隆轰隆的爆炸声中，伴着滚滚浓烟，又一批战友冲向前去。朱彦夫愣怔一下，他虽然听说过"共产党"这个词，但还不明白共产党员是哪些人，只是看到好多战友冲上去了，就学着班长跳出掩体，往前猛冲。

子弹仿佛擦着他的头皮、肩膀、脸颊和耳梢呼啸着飞过。他摔进一个弹坑里，身上的衣服烧着了。他在弹坑里滚了几下，扑灭身上的火苗，接着又学着班长拔下插在腰间的手榴弹，跳出弹坑，站起身来，拼尽全力扔向前方。他像一只被激怒的小公鸡，伸着脖子，端着枪，随着前仆后继的战友们向前冲，完全忘记了自己只有十四岁。

一九四八年九月，济南战役打响了。

一年来，朱彦夫经历了无数场战斗，虽然他只有十五岁，但他自觉已然是一名经验丰富的"老兵"了。他雄赳赳、气昂昂地走在队列中，向济南进军。他们路过一个县城时，在夹道欢迎解放军的群众中，有一个拿着山东快板的人，那人看到朱彦夫个头儿小，却扛着一支大长枪，便立刻凑到他身边，现编现唱起来："这小兵，个儿不高，步子迈得倒不小，扛着一支美国造，打进济南立功劳……"

战友们和群众听着都哈哈笑起来，几个战友边笑还边学唱，朱彦夫嘟起嘴，很不服气地冲那几位战友说："哼，别看我个头儿小，打起仗来可一点儿不比你们差！"这倒不假，朱彦夫个头儿虽小，打起仗来不仅不比个子高的战友差，还足智多谋呢！

在攻打周村时，敌人占据着一座城楼，楼上到处都是枪口，不停地向他们扫射，火力非常密集，把我军阻截在了一条马路对面，给我军的进攻造成了很大困难。我军派出的几批爆破队员接连冲上去，可不等冲过马路，他们就被机枪击倒了。

埋伏在路沟里的战友们个个都急红了眼，但手榴弹一点儿也奈何不了那厚厚的楼墙。这时，朱彦夫看到了不远处有一个废弃的汽油桶，顿时便有了好主意，赶紧匍匐到班长身边，把他的想法说了出来。

班长同意了他的想法，马上让战友们滚来那个汽油桶，再把几套浸了水的棉衣裹在朱彦夫身上，捂在他头上。朱彦夫揣上两个炸药包，脚朝里，头朝外钻进桶里。战友们扔了一排手榴弹做掩护，趁着炸响后浓烟四起，大家一起用劲把汽油桶推上了路面，汽油桶就向路对面骨碌碌地滚去。

朱彦夫个头儿小，在汽油桶里露不出来，虽然子弹雨点似的打在汽油桶上，震得他头昏脑涨，但都擦着铁皮飞过，偶尔有射穿铁皮的，也被那湿透的厚棉衣挡住了。汽油桶两三下就滚到了路对面的

中华先锋人物故事汇　朱彦夫

沟里。由于那边有残垣断壁做掩护，朱彦夫小心翼翼地钻出汽油桶，迅速辨别了方向，快步冲到了楼下。紧接着，一阵震耳欲聋的巨响传来，半座城楼瞬间被炸上了天。战友们趁机冲了过去。

在解放潍县时，我军已经冲上了城墙，但就是下不去。一是城墙过高，梯子连一半的高度都无法触及；二是城墙下部有洞口，敌人潜伏在其中，勇敢跳下去的战友均被敌人精准打倒。

朱彦夫目测了一下高度，关键时刻又想出一个妙计。他让战友们都解下绑腿，结成长绳，拴在他的两个脚脖子上，把他头朝下送了下去。靠近洞口时，他就朝洞口里扔一颗手榴弹，上面的战友再把他荡到另一个洞口。如法炮制，几个洞口的敌人就都被消灭了……

就是这样，在血与火的洗礼中，朱彦夫迅速成长为一名智勇双全的"老兵"。他先后参加了淮海战役、渡江战役、上海战役等战役，经历了上百次战斗，十余次负伤，三次立功。一九四九年，年仅十六岁的他光荣地加入了中国共产党。

参加抗美援朝战争

一九五〇年六月,朝鲜内战爆发。美国公开宣布对朝鲜进行武装干涉,并于十月越过"三八线",向中朝边境地区进犯,并在此前八月下旬开始以其侵略朝鲜的空军飞机,侵入中国,严重威胁中国安全。

十月上旬,党中央根据朝鲜劳动党和朝鲜政府的请求以及中国人民的意愿,做出"抗美援朝,保家卫国"的战略决策,组成中国人民志愿军。

十一月,朱彦夫所在的志愿军部队奉命挺进朝鲜。

此时的朝鲜东北部地区,千里冰封,万里雪飘,一片银装素裹,温度低到零下三十五六摄氏度。"联合国军"总司令麦克阿瑟扬言，要在圣诞节前结束朝鲜战争。他命令美军第十军团从我军东线部队的后侧进行突击作战，意在切断我军的后路。为了挫败美国侵略军的阴谋，我军东线作战部队迅速到长津湖地区集结，对敌军展开反突击作战。

到了十一月底，我军已逐步打退了敌人的分割包围。一个又一个歼灭战打得敌人仓皇失措，纷纷寻路南逃。

长津湖以南的连绵群山中，有一座高仅有二百多米的山峰——二五〇高地。这座山峰虽然不高，但战略位置十分重要。在它以北，两山夹峙着的一条公路，是敌人南下北上的一条重要通道。而二五〇高地刚好在这条通道的要害，这里也就成了敌军重点防守的要道。

为了封锁敌人向南逃窜的路线，我军必须在长津湖地区对敌人进行围歼。上级交给朱彦夫所在的连队一项无比艰巨而重要的任务，那就是抢在敌人之前攻下二五〇高地，并不惜一切代价守住高地，直到大部队赶到。

接到这个任务的时候，朱彦夫所在的连队还在距离二五〇高地一百五十多里以外的地方。自入朝鲜以来，连日的作战已经令他们十分疲惫，加上他们入朝仓促，没能领上棉衣，炒面袋也在两天前就已经空了。可军令如山，他和战友们冒着刺骨的寒风，顶着鹅毛大雪，连夜向二五〇高地急行军。

拂晓前，他们赶到了高地下的一个山谷里。在零下三十六七摄氏度的夜里，战友们身上竟全都冒着汗，单衣单衫从里到外都被汗水浸湿了。可一停下来，顷刻之间，他们身上的衣服便结成了冰碴儿。雪花扑来，寒风呼呼刮着，他们冻得浑身打战，牙齿咯咯直响。他们干脆不再休整，也顾不上休整，从坡度较缓的南面开始向山头的敌人发起进攻。

守在高地上的是敌军的一个营。敌军凭借修筑了几个月的工事和精良的武器装备，加上居高临下、易守难攻的优势，很快就将我军拦截在了半山腰上。我军除了几挺轻重机枪外，就只有战士们手中的冲锋枪和步枪了。因孤军作战，又缺乏炮火的支援，我军的进攻对敌军坚固的工事根本构不成威胁。敌军的枪弹像天上下冰雹似的落下来。眼前的积雪、树叶、碎石被打起来,又落下来,灼热的气浪融化了飘飞的雪花,阵地上弥漫着硝烟、水汽。

攻克二五〇高地

战士们凭借山坡上的岩石、沟坎做掩护，敌军的枪弹一时半会儿对我军不会造成太大的伤亡。看着敌军的重机枪打得碎石子和积雪四处飞溅，朱彦夫正在想如何进攻的办法，突然听到连长高声喊道："朱彦夫！"

"到！"朱彦夫把冲锋枪往怀里一揽，快速地打了几个滚儿，就到了连长身边。

"你去通知三排长，绕到西侧，两面夹击敌人！"

"是！"

然而，从高地的西侧冲锋也并不容易。高地的西侧山势险峻，还有一道二三十米高的陡峭悬崖。

在有利地形的掩护下,敌军的火力更加猛烈,使得三排的两次冲锋都被拦截了。

三排长气得两眼冒火。就在这时,一个敌军出现了,他神情得意,毫无顾忌地在工事前走来走去,根本没把我军放在眼里。

这家伙也太嚣张了!三排长从战士手中要过一支步枪,推弹上膛,架在一块石头上瞄起准来,瞄了一会儿,转身递向朱彦夫。

"你枪法准,你打他!"

刚刚牺牲了十几个战友,朱彦夫正有一腔复仇之火无处发泄。他快速接过枪,从石头后探出枪口,瞄准那家伙。

随着啪的一声枪响,那家伙一跟头栽进战壕,工事前一片混乱。

看那家伙的装束和敌军的反应,连长断定,朱彦夫刚刚打倒的人是一个重要指挥官。连长当即决定趁敌慌乱,再发动一次进攻,于是迅速命令全连:"扔掉除弹药和急救包以外的所有东西,誓死拿下高地!"

这一次进攻,我军吸取了上次的教训,从东南方向挺进，加之敌军又刚失去了一个指挥官，我军很快进攻到了半山腰。第一道和第二道工事中的敌人很快败下阵来，惊慌失措地逃向山头。但山头的敌军依然保持着强大的火力，各自占据着山坡的有利位置。子弹密实地朝我军袭来，导致我军的进攻再次受阻。

伤亡在不断增加，又有二十多名战友倒在了血泊中。朱彦夫心想：再也不能这样硬攻了，可不打掉那几门重机枪，就不可能冲上高地。他想到了一个办法，便急忙告诉了连长。

随着连长一声令下，在战友们枪弹的掩护下，朱彦夫和三名战友迅速地躲到了一道雪梁下面。那道雪梁差不多在敌军东西阵地的正中间，处在两处火力点的交叉位置边缘，是一道狭窄的火力死角。

朱彦夫等四个人猫着腰向上猛冲，但敌军也不傻，很快就发现了他们，把一排排手雷扔下来，弹片乱飞，炸起的雪团打在朱彦夫脸上，像刀割似的疼。

跳跃，匍匐，翻滚，朱彦夫他们又向前冲了七八十米。两位战友中弹倒下了，只剩下朱彦夫和二排二班班长杨仁富。当他俩逼近敌军阵地下方二十多米处的雪梁时,手雷如雨点般纷纷落下。连续的爆炸声震耳欲聋,他们脚下的雪地都在颤抖。距离雪梁仅剩五六米了,朱彦夫正要冲刺,后背突然遭到重击,仿佛全身筋脉被瞬间震断,巨大的冲击力将他推出了四五米远。杨仁富也伤得不轻,他的左耳朵被打掉了大半块,左脸被弹片撕开了一条大口子。

来不及包扎了,为了给战友们多争取进攻时间,他俩挣扎着跳跃到了敌军面前,勇猛地朝敌人不停地射击子弹。整个连队也趁机往高地冲锋。胆小怕死的敌军不敢再战,像受惊的兔子一样顺北坡往下逃去。

为抢占高地,我军伤亡了近四十人。包括伤员在内,全连还剩下五十二名指战员。然而这才是开始,更惨烈的大战还在后面。

燃烧的高地

　　为了守住二五〇高地，当务之急，我军要尽快修复前沿工事。可在攻占高地时，除了武器弹药和急救包，我军把其他装备都扔掉了。没有工具，战士们只能靠双手修复工事。可还没等他们把工事修复，美军的两个主力营，十几辆坦克，几十门重炮，便一起向高地进攻了。成批的炮弹尖叫着倾泻下来，爆炸声震天动地。一时间，浓烟烈火冲天而起，积雪、树枝、碎石、土块被抛向空中，灼热的弹片呼啸着划过，嵌入雪中，发出吱吱的响声……

　　经过十几分钟的炮击后，敌军并没有立即发起冲锋，他们暂时还不清楚高地上的具体情况，不敢贸然进攻。然而，只是这试探性的炮火，已将前沿工事全部摧毁。

连长从塌陷的掩体里钻出来,边扑打着身上的火苗,边大声命令,把被掩埋的人挖出来。

被挖出来的第一个人是朱彦夫的班长。连震带压,班长已经牺牲了。看着牺牲的班长,朱彦夫的眼泪涌了出来。班长叫王进山,来自江苏,是个文化人。进入朝鲜后,班长看到沿途那些无家可归的老百姓和被烧毁的村庄,还教朱彦夫背他自编的快板:

美帝好比一把火,
烧了朝鲜烧中国,
中国邻居快救火,
救朝鲜就是救中国……

其他被挖出的战友也是非死即伤。眨眼之间,就有十几位战友牺牲了。大家都沉浸在悲伤之中。

敌军发现,在他们炮击后我军并没有回击炮火,便断定我军在高地上驻守的人不多。于是,敌军很快又发起了第二轮更凶猛的炮击。

炮弹密集地落在山顶上，硝烟和烈火再次弥漫在整个战场。紧接着，敌军的飞机也飞临上空，低空盘旋后几乎贴着峰顶掠过，投下了成吨的重磅炸弹和汽油弹。一时间，熊熊烈火借着北风迅速蔓延，浓烟滚滚，伴随着阵阵巨响直冲云霄……

终于，在持续了一个多小时的狂轰滥炸后，战斗逐渐平息。敌军的重磅炸弹炸出了许多弹坑，直径足有两三米，深达一米多。巨大的岩石被炸向空中，斗大的石块如暴风骤雨般砸落下来。厚厚的积雪早已融化，高地被炸成一片燃烧的火海。山头早已失去原先的模样，焦黑的土地上到处是弹坑、冻土、石块、枪支……

老天爷似乎也不忍心看到这悲惨的一幕，鹅毛大雪纷纷扬扬飘落下来。朱彦夫预测轰炸过后，敌军的冲锋很快就会到来。果然不出所料，他的目光瞥向山下的时候，只见黑压压的敌军正在向高地拥来。

连长指挥所有尚有战斗能力的战士迅速进入前沿阵地。前沿工事已被摧毁，战士们只好凭借山石、土堆和弹坑做掩护与敌军战斗。显然，敌军对之前的轰炸很有信心，认定高地上已经没有多少战斗力了。他们端着枪，神色淡定，有说有笑。

敌军在向山头推进。连长命令每一个战士："隐蔽好，没有命令，不准开枪！"

朱彦夫和战友们默默点头，严阵以待。越来越密的雪花无声地飘落在战士们身上，似乎是在帮助他们隐蔽。敌军杂乱的脚步声、嬉笑声越来越近了。

一百米了！

八十米了！

五十米了！

更近一些了……

突然，连长大喊一声："打！"

瞬间，朱彦夫和战士们手中的手榴弹纷纷掷向敌军。在连续的轰鸣声中，阵地上的轻重机枪齐声开火，犹如狂风骤雨般扫向敌军。

这突然的袭击打得敌军措手不及，有被炸飞上天的，有被机枪打倒的。其余的敌军像受了惊吓的羊群一样，咩咩喊叫着连滚带爬地向山坡下逃去。

战地上的友情

朱彦夫心里明白,这次能将敌军击溃,得益于敌军的狂傲自负和麻痹大意。他们稍微喘息后,必定会组织更凶残的反击。

整个高地已经被敌军炸得面目全非,在短时间内修复掩体几乎是不可能的。除此之外,战士们还要面对饥饿和寒冷。他们已经有三天粒米未进了,仅靠吃雪充饥。本来就很单薄的军装,也变得破烂不堪。在零下三十六七摄氏度的极寒高地,战友们忍着饥饿,被冻得瑟瑟发抖。

在重重困难面前,战士们仍在坚持,他们没有挖掘工具,就用双手去挖,连重伤员也来参与。朱彦夫的背部疼得直不起来,头部嵌进了弹片,腿也被打伤了，但他的伤跟其他战友比起来还算轻的，两条胳膊也还灵活有力。他卧倒在地上，两只手不停地扒拉着，扒不动的地方，他就拿石头砸。

连长瘸着腿路过，看到朱彦夫的手磨出了血，赶紧从裤腿上撕下一块布条，一边给他包扎，一边有些心疼地责备道："轻点扒呀！不行就找石头垒一垒，你这样把手指都弄伤了，不能拿枪打仗了怎么办？"

连长叫刘步荣，是陕北人，很早就参加了红军，南征北战，立下了赫赫战功。现在他的头受了伤，虽缠着绷带，但血还是流到了脸上。左侧小腿被弹片击中，血顺着小腿流下来，把鞋子都染红了。一直以来，连长就像父亲一样疼爱着朱彦夫，不管战斗多么险恶，环境多么艰难，他总是尽其所能地关心并保护着朱彦夫。

战斗很快又打响了。

虽然敌军很难相信，经过那样的轰炸后居然还有活着的且具有战斗力的人，但他们在吃了一次亏后，吸取了教训。这次冲锋，他们分散进攻。

这对人数已经极少的我军是一个极大威胁，但久经战场的连长并不紧张。他打破班排制，灵活布局，把还能应战的战士分成三组，每组三个人。各组之间拉开十几米距离，成为三道阻击线。

朱彦夫和一排长郑福挺，还有一排战士万中祥分在一组。第二组是二排二班班长杨仁富领着两个战士，杨仁富的伤势很严重，但二排长鲁配根已经牺牲了，所以由杨仁富临时代理二排长。这一仗之后，杨仁富也牺牲了，后又由朱彦夫代理二排长。

最后一组是三排长杜玉民和两名战士。杜玉民是山东人，和朱彦夫是老乡。他瘦高个儿，一副文弱书生样，平日里爱说笑话。由于名字与美国总统杜鲁门相似，大家就都叫他杜鲁门，他不仅不恼，还有些惋惜地说："哎呀，我要真是杜鲁门就好了，那样我一声令下，这场战争就甭打了！"

连长指挥三个小组专挑冲在最前面的敌军打，他说只要打倒最前边的，就能吓倒一片，打掉一片，就能威慑全部敌军。

说话间，走在最北面的一股敌军已经进入了有效射程。朱彦夫那一组的三个人同时扣动了扳机。在猛烈的扫射中，走在最前边的几个美国兵惨叫着滚下了山坡。顿时，敌军便炸营了，吓得纷纷卧倒，好半天都不敢爬起来。

敌军清楚我军占据有利地形并严阵以待，他们又摸不清高地上的实有人数，知道硬冲必定吃亏，便停止了进攻，改为继续用飞机大炮向我军轰炸。

先是七八架飞机轰鸣着扑来，掠过山头，又从南面折回来。一排排炸弹凄厉地尖啸着，雨点般砸在高地上。不大的山头上，爆炸声此起彼伏，浓烟烈火冲天而起，激起一片片冻土和山石。

紧跟着，敌军的火炮和坦克也吼叫起来，成批的炮弹划破灰蒙蒙的天空，铺天盖地般飞向高地，那阵势似乎是不把高地炸平誓不罢休。

一顿特殊的"大餐"

刚刚修复的工事和掩体,眨眼间又荡然无存。朱彦夫他们全部被埋在冻土碎石之中,伤势轻的,刚一被扒拉出来,四下蔓延的汽油弹的烈火又烧着了他们的衣服,油溅到了脸和头上,灼烫难忍;伤势重的,要么被埋在掩体里再没出来,要么无声无息地任凭火舌吞噬生命,有好几位战友就这样牺牲了。

敌军在轰炸过后,又接连发动了两次大规模冲锋。顽强的战士们带着复仇的怒火,用烧伤的手举起轻重机枪,射向敌群,把敌人阻截了回去。

不知什么时候,大雪停了,浓重的暮色围上山头。虽然敌军的冲锋不得不停止,但仍有炮弹时不时打来，乱炸一通。

安顿好伤员后，连长和指导员把全连包括他俩在内仅剩下的五名党员召集在一起，要开一次支委扩大会。连长拖着受伤严重的双腿，艰难地坐到一块巨石后边的弹坑沿上。

"同志们！"他缓缓扫视着大家，昏暗的暮霭中，他脸上的表情十分凝重，"现在的形势非常严峻，一方面是数十倍于我们的敌军和他们的飞机、坦克、大炮，另一方面是寒冷、饥饿和伤亡……"他先是简要地分析了一下当前敌众我寡的严峻形势，接着以严肃的口吻说道："刘方佃、朱彦夫分别为一排长和二排长，三排长还是杜玉民。连级指挥，除我和指导员外，你们三个排长接连替补，按伤亡的前后顺序，死一补一，生死为令，自行接替。谁活到最后，谁指挥到最后。当然，大家可能都活着，也可能都牺牲，但只要还有一口气，就得坚持下去，直到大部队到来……"

指导员高新坡坐在连长身边，他的左胳膊被炮弹炸伤了，脸上却看不出一丝痛苦的表情。指导员出生在书香门第，参军前是一名中学教员，为了砸碎旧社会，建立新中国，毅然投笔从戎。那天他没有多说什么，除了对连长的话表示赞同外，他补充道："现在最要紧的是弄口吃的，再把牺牲的同志掩埋一下。"

听指导员这样一说，朱彦夫这才意识到，他已经饿得难以忍受。在三天多的时间里，他只靠吃雪来解渴和充饥，肠胃里像有一团火在燃烧。于是，顺着指导员的话，朱彦夫说道："我看不如趁天黑，派几个人悄悄溜下山，一来可以找些吃的，二来顺便从敌军身上扒些衣服回来。"

朱彦夫的建议立刻得到了刘方佃的响应："我看这个办法行！这杜鲁门发动战争也不选个好时候，偏在这冻死人的季节显能耐，要是能填饱肚子，老子怎么也能和他拼个高低……"刘方佃的一番话一下打破了原本沉闷的气氛，五个人都笑了。

刘方佃不仅幽默，还是个天生的乐天派，从来不愁不忧。前两天，他还在战斗的间隙给朱彦夫念他刚编的打油诗：

打败鬼子兵，

消灭反动派。

建立新中国，

回家抱小孩！

就是这个打完仗想建设新中国，回家娶媳妇抱小孩的刘方佃，不久也牺牲在了这片高地上。

连长止住笑说："朱彦夫的建议可行，今晚还分三个小组，刘方佃带两个战士下山，一定要小心。杜玉民领几个战士修工事。朱彦夫带两名战士负责掩埋烈士！"

朱彦夫带着两个战士，用敌军炸开的弹坑亲手埋葬了自己的战友，心里悲伤到窒息。杜玉民带领几个战士抢修工事，进展得也还可以。唯有刘方佃那组不怎么顺利。为防止我军下山偷袭，敌军在山下放置了许多罐头盒作为警报装置，不料被下山的刘方佃他们踢响了，发出的响声暴露了他们的位置。敌军随即进行了一阵猛烈的扫射，两名战士不幸牺牲。

不过刘方佃也不是空着手回来的，他带回一件烧毁的棉大衣，撕出那些还没烧透的棉絮用来充饥。

看见朱彦夫过来,正在吃棉絮的杜玉民把一块棉絮递给他说:"大家都在吃'大餐'呢,你快尝尝这'点心'吧,这东西比牛……牛肉干顶饿,弄上点,保你三天不……不饿!"他被棉絮噎得脖子一梗一梗的,像是打不出鸣的公鸡。

好几天没吃东西了,朱彦夫见几个战士都在吃棉絮,赶紧接过那块棉絮,撕了一块放进嘴里。棉絮咽起来有些难度,朱彦夫感到一阵恶心,赶紧抓起一把雪,塞进嘴里。有这口雪压一压,棉絮也就咽进了肚子里。

连长是要拼命了

天太冷了，阵阵北风嗖嗖地掠过岩石，又打着旋卷下来，扑在每个人的身上。战士们又是一夜未眠，他们刚刚吃完一顿"大餐"，敌军疯狂的炮击又开始了。

大批炮弹再次飞上山来，敌机也轰鸣着掠过头顶，顿时，地动山摇，山石四起……

不过十几分钟，又有多名战友牺牲了。

朱彦夫被土埋得几近窒息，刚挣扎着露出脑袋，呛人的硝烟便往他口鼻里钻。他顾不上这些，一从土里钻出来，提着枪就往前沿工事跑。

连长已经在那里了，他的左腿被弹片炸伤，站不起来了。朱彦夫扯开喉咙喊卫生员王纯青，同时把自己的袖子撕扯下来，想给连长包扎。

"走开，老子死不了！"连长一把推开朱彦夫。

朱彦夫跟在连长后边，越过工事前沿，他看到大批敌军已经拥到了悬崖下面。密集的子弹让眼前的石块四处横飞。突然间，连长快速抓到一个炸药包，猛地拉响导火索，往怀里一揽，就要滚下悬崖。

朱彦夫一下明白过来，连长是要拼命了。他迅疾地伸出双手，抓住了连长的右腿，借力往前一蹿，从连长怀里抢过炸药包，口中喊着："要死也由我先！"接着，朱彦夫一个翻身就滚到了悬崖边上，两脚一蹬，正要滚下悬崖，猛然间，他的两腿又被连长拖住了。

导火索还在哧哧地燃着，朱彦夫顾不上多想，他拼尽全力，把炸药包向悬崖下扔去。就在这时，一颗炮弹呼啸着向朱彦夫和连长砸下来。朱彦夫转身扑向连长，并借着那股冲力抱着连长往前猛滚了几下。就在这转瞬之间，炮弹已砸到了刚才他和连长趴着的地方，炮弹的响声几乎震破了他们的耳膜，炸起的碎石劈头盖脸地砸落在了他们身上。

敌我的距离越来越近，一部分敌军已开始攀登上悬崖了，他们的喊叫声越来越近。朱彦夫这才发现，这片阵地上似乎除了他和连长，其他战友都牺牲了。他和连长默契地配合，将手榴弹掷向悬崖下，随后用两支冲锋枪不停地扫射冲上悬崖的敌军。

危急时刻，指导员和两名战友从东边赶来增援。见连长伤势严重，指导员大声下达命令："朱彦夫，把连长背下去！"

"连长不让！"

"执行命令！"指导员圆眼一瞪，没有了平日里的温和，右臂一挥，容不得质疑。

朱彦夫不再迟疑，上前去拖受伤的连长，可连长哪肯轻易下火线，一边挥舞着双臂挣脱，一边怒声大喊："快放开我！我宁肯战死！"

"留得青山在，不怕没柴烧！"朱彦夫也大声喊着，双臂猛地从背后插进连长的腋下，倒退着拖着连长向南退，连长的左腿在不停地流血，但右腿还很有力量，挣扎着几乎要站起来了。

下坡路陡，朱彦夫干脆躺下，抱着连长往坡下

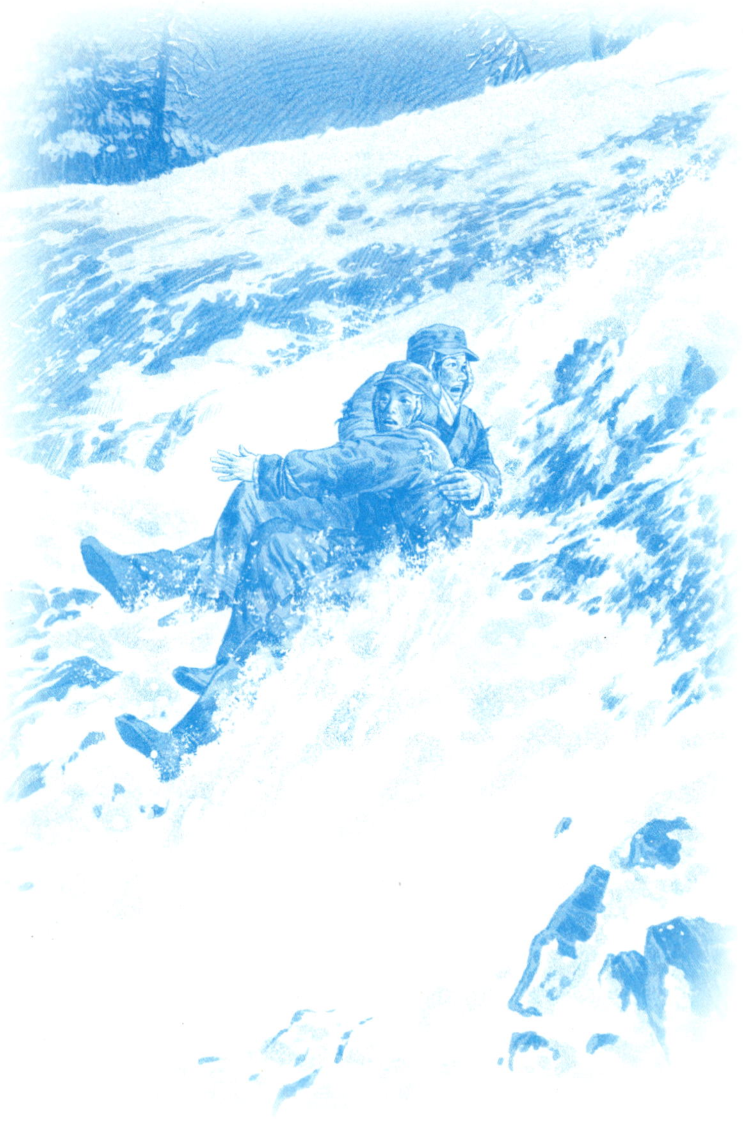

滑行,总算远离了前沿阵地。渐渐地,连长因失血过多和数天断食,也没了抗争的力气,像是已经晕厥了过去。

朱彦夫让连长靠在一块岩石上,慌忙把军衣脱下给连长包扎伤口,但血还在往外渗。"连长,你等一下!"朱彦夫说着,就要去前边找之前丢弃的背包,回来再给连长包扎。不料他刚往前跑了不到二十米,一个炸弹尖啸着凌空而落,在他背后炸开。他浑身一颤,还没等转过身去,就被一股强大的灼热的气浪撞翻在地,又被炸起的土埋了起来。

"连长!连长!"朱彦夫一边从土里往外扒拉,一边大声哭喊,可哪里还有连长的影子?

朱彦夫像是一下子掉进了冰窟,寒意迅速浸透身心。他焦灼地扫视四周,一个硕大的弹坑冒着股股青烟,破碎的衣物散落在坑里坑外。

慈父一样的连长呢?刚才还在这里……

朱彦夫悲痛万分,转头发疯般地向山头奔去。他要去消灭敌军,为连长报仇,为战友们报仇!

朱彦夫怀着一腔悲愤,奔回到前沿阵地。此时,敌军的冲锋已经告一段落,枪炮声也渐渐稀落下来。

在阵地东头,朱彦夫一眼看到了刘方佃。这位平时幽默搞笑的一排长,侧卧在工事前沿下,已经牺牲了。他还看见不远处的卫生员王纯青也牺牲了。

朱彦夫伤心地擦了一把泪水,又继续往前跑。有一段交通壕还可以走,他跳进去,沿着沟没跑几步,就又见到了已经牺牲的三位战友,他们的机枪还挺立着。

朱彦夫顾不上悲伤,又冲到二排掩体。他发现还有活着的战友!他们跪在掩体边缘,手指紧扣扳机,目光坚定地注视着前方。朱彦夫一阵欣喜,手脚一起扒拉,快速爬到他们身边,居然没有人回头。一种不祥的预感向他心头袭来,他忙伸手去拍战友的肩膀,感觉又冰又硬。原来他们早已牺牲,身体被冻僵了。

一个连的消亡

硝烟还没散尽,阵地上到处是血迹和炸碎的枪支、衣服……

朱彦夫没有时间悲伤,为了防止敌军突袭,他必须打起精神来,一边收集还能用的枪支,一边寻找指导员和杜玉民等人。

终于,在一个壕沟的拐角处,朱彦夫找到了指导员高新坡,他已奄奄一息,身边的几名战士全部牺牲了。

"指导员,你挺住!"朱彦夫扑过去,跪在指导员身边。

看到朱彦夫,指导员已经涣散的眼神又有了光亮,大口大口地喘气。朱彦夫转身抓起一块石头,从壕沟顶上的石崖上砸下来一块冰，把冰拍碎喂到了指导员嘴里。

指导员吃过冰块，似乎有了一点儿力气，虚弱而艰难地问："连……长，怎……么样了？"

指导员和连长一起经历了多场战斗，在战火中建立的友谊坚如磐石。朱彦夫不想让指导员再经受失去战友的悲痛，但他却没能忍住溢出眼眶的泪水。

指导员的身体一阵痉挛，一行清泪涌了出来。他胸口急剧地起伏，却竭力让自己平静下来。他凝视着朱彦夫，声音极其微弱地说："你一定……要记住，一个连的消亡，你一定要把……要把这些……全部……记录下来，要告诉后人，我们死也……瞑目了……"

"好的，指导员！"朱彦夫不忍心再让指导员说下去，连忙说道，"打完仗，我好好学文化，我要把战友们的壮举写下来！你就放心吧！"

"必须的，这是命令！"指导员说完这句话，仿佛已用尽最后一点儿力气，缓缓地闭上了眼睛。

朱彦夫泪流满面地告别指导员，又顺着掩体往西南方向寻找,终于找到了杜玉民和另外两名战友徐凤明和郭杰,他喜极而泣。只是三个人的伤势都很严重,冻僵的双腿已经不能动弹。

见到朱彦夫,杜玉民也很高兴,他打着哈欠问:"两三个小时没动静了,你觉得敌军是想困死咱们,还是想活捉咱们?"

"敌军耗不起,他们不会长困不攻的,咱们要随时做好拼的准备!"朱彦夫回答。

为了做好应战准备,朱彦夫把人分成一线组和二线组。其他三个人的双腿已经不能挪步,他只好连拖带拉,把他们安排到各自的位置,并给每个人配备好枪支和手榴弹。

敌军迟迟没有动静,朱彦夫倚坐在壕沿上,一股浓浓的睡意袭来,两个眼皮直往一块儿凑,其他几人也都昏昏欲睡。不知何时,雪花又飘落下来了。一阵彻骨的寒风扑向壕沟,把朱彦夫从睡意中吹醒了。

就在这时,山下传来敌军的喊叫声:"你们已经被包围了!快投降吧!我们保证你们的安全……"

敌军已经黑压压地出现在半山腰上了。

嗒！嗒！嗒！还没等朱彦夫发出战斗命令，郭杰的机枪已向敌群展开了扫射。紧接着，其他人的手榴弹也扔了过去，机枪、冲锋枪也扫向了敌人，崖上、崖下的爆炸声连成一片。

很快，敌机轰鸣着又来逞威了。这一次，我军人数少，容易暴露目标。一颗颗照明灯划开夜幕，敌机瞅得准，一颗颗汽油弹投下来，阵地变成了火海。

郭杰牺牲了。朱彦夫和徐凤明被汽油弹击中，风卷着浓烈的火舌，在他们的身上、脸上、头上翻卷，朱彦夫痛得滚进战壕里，身上的火总算扑灭了。他奋力瞪大被烧得几乎难以睁开的眼睛，刚一抬头，就看见徐凤明已经被火团烧得不能挣扎了。徐凤明就这样牺牲了。

朱彦夫刚抱起冲锋枪，一颗子弹便射向了他的肩膀，他忍着钻心的疼痛，对着蜂拥而来的敌人一阵扫射。

趁敌军都被打趴下的空当，他想赶快过去找杜玉民。就在这时，一颗炮弹呼啸而过，飞向杜玉民。朱彦夫正要呼喊杜玉民，炮弹轰然炸响。由于距离太近，强大的冲击力把朱彦夫推了出去，他的腰被子弹击中了。

"杜玉民！"朱彦夫大声喊着，正要冲上前去救他，可哪里还有杜玉民的影子？

此刻，朱彦夫的战友们都相继牺牲了。整个二五〇高地，全连指战员坚守的高地，只剩下朱彦夫一个人了。

他刚挣扎着爬起来，就看到敌军已经攀上了崖顶。他们分散着围了上来，谨慎地向他逼近，有人还朝他大声喊："你已经被包围！快投降……"

朱彦夫一下扑倒在地上，想要滚到战壕里去端枪。突然，身边接二连三扑通扑通地落下几颗手雷，都哧哧地冒着青烟。朱彦夫抓起身边的一颗手雷就扔向了敌群。与此同时，只听一阵轰隆隆的巨响，他觉得自己飞上了天，恍惚间失去了知觉……

醒来已是春天

叽叽喳喳，叽叽喳喳……窗外白桦树上的喜鹊在晨曦里叫个不停，在朱彦夫听来，变成了"快醒醒，快醒醒"。

朱彦夫的嘴角漾起一抹浅浅的笑意，在睡梦里说道："不，我要再睡一会儿。"

叽叽喳喳，叽叽喳喳……喜鹊依旧叫个不停，朱彦夫只好艰难地睁开眼睛，但他的神志还没有清醒。他的目光瞥向明亮的一边，那是一面窗户，喜鹊就在窗外的树上。可在朱彦夫看来，窗外似乎弥漫着浓浓的雾，他什么也看不清，眼前的一切也朦朦胧胧的，只有喜鹊的叫声听着是那么真切。

朱彦夫无力地闭上了眼睛，喊了一声："娘！"

尽管他的声音微弱至极，但一直守候在他身边悉心照料他九十三天的护士宫行珍依然听到了。她有点不敢相信，立刻凑过去，声音有些发颤地问："孩子，你醒了吗？你能听见我说话吗？"

朱彦夫有些纳闷，是谁在耳边絮叨？他充满疑惑地努力睁开眼睛，虽然还是看不清，但能认出眼前这个模糊的身影不是娘。

"你终于醒了！小战神、小英雄，你真是好样的！你等着，我这就去喊医生！"宫行珍激动地说着，人已经跑出了太平室。

小战神？小英雄？朱彦夫有些疑惑，他的脑海里浮现出一些模糊的片段：被日本鬼子杀害的爹，疯癫的娘，赤着脚沿村要饭的自己，自己跟上部队去参军，在战火纷飞的战场上，二五〇高地上的连长、指导员，一个又一个战友……美国兵冲了上来，手雷爆炸，他飞上了天……

朱彦夫感觉身边突然围过来好多人，都很激动，说着小英雄能醒过来是奇迹之类的话。他听不太懂他们说的话，也不知道小英雄是谁，他想看看这些人，却感觉浑身乏力，心想：难道我也已经死了吗?

此时,他还不知道,他不仅没有死,还已经回到了祖国。他睡了一觉,睡的时间有些长,整整九十三天,从一九五〇年漫天飘雪的隆冬,一直睡到了一九五一年莺歌燕舞的春天。

朱彦夫的意识和神志还没有完全恢复,他迷茫地看着大家,终于问出一句话:"我在哪儿?"

"你在祖国……你非常了不起,你创造了奇迹……你受了很重的伤,现在你终于醒过来了……"人们在争着和他说话,也有人在问他:"小战士,你感觉怎么样?"

他似乎又清醒了一点儿,意识到自己还活着,并且已经回到了祖国,一股兴奋涌上心头。他想动一下身体,却感到一阵钻心的疼痛。

他感觉双臂空荡荡的,使不上一点儿力气,便艰难地歪过头看自己的手,看到的是被厚厚的绷带裹着的半截胳膊。

"我的手呢?"他惶恐地挥着双臂,仅剩下的右眼球惊讶得几乎要蹦出眼眶。

逐渐清醒过来的大脑,已经清晰地感觉到下半身也异常轻巧，他非常惊恐："我的腿呢？脚呢？"

他短暂的惊恐瞬间变成了暴怒："我的手呢？我的脚呢？我的手、我的脚去哪儿了？"他疯狂地想要坐起来，想揭掉身上那床被子，但任凭他怎么屈伸，身体却没动一点儿。

他几近癫狂了，两腿发疯似的踢蹬着，两臂狂舞着，用嘴拼命地撕咬着胳膊上的绷带，就像被困在笼中暴怒的野兽。

医生和护士都被他的样子吓坏了，他们感到太不可思议了。一个昏睡了九十三天，身体已经不足一米，体重还没有六十斤的躯体，刚刚从死亡线上挣扎回来，却突然有这么大的力气！他们似乎是同时愣怔了一下才反应过来，一起扑上去按住他。

"小战士、孩子、小英雄……冷静点，冷静点呀！为了保住你的生命，只能这样……"

十几双手一起按着他，各种声音一起劝慰他，他却更加疯狂地扭动起来。为了不让他伤到自己，也害怕他这种疯狂会很快耗尽他刚刚恢复的一点儿生命力，医生只好在他左臂上打了一针。很快，他又沉沉地睡去了。

那时，朱彦夫还不知道，在他昏死过去，接受截肢治疗的那些日子里，他们团曾派人到各所医院寻找归国的伤员。由于他从入院就一直处在深度昏迷中，破烂成缕的军装上除了斑斑血迹，找不到任何可以证明他的部队番号和姓名的依据，加上手术后的他已经面目全非，没有人认出他是朱彦夫。因此，在他醒来之前，已经有一张"革命烈士证明书"送到了张家泉村他的家中。

朱彦夫被从太平室抬回到了病房，他睡在了一张"特号床"上，在极度绝望的痛苦中，艰难地过着美好年华中的一天又一天。

残酷的现实

面对失去手脚的沉重打击,朱彦夫万念俱灰。

在一个秋天的傍晚,他趁宫行珍去吃饭的空当,强忍疼痛,拖起沉重的病体艰难地爬上床头的桌子,想要爬上窗台,结束这种痛苦。没想到,桌子上的茶杯等物品被他极不灵活的躯体碰落到了地上,乒乒乓乓的响声把朱彦夫吓出了一身冷汗。他重重地摔落在地上,伤口被撕裂,剧烈的疼痛使他晕了过去。

他跌落在地上的声音很快惊动了医生和护士。

首先冲进来的是宫行珍,她惊恐地蹲下身子,一边用手掐他的人中,一边悲声问着:"小英雄,你这是干什么呀?"

看着倒在地上的朱彦夫，主治医生崔国正毫不客气地说："朱彦夫！我们费了这么大的劲把你从鬼门关抢回来，保住了你的命，你居然……"

"这样的命我不要！"不等崔国正把话说完，朱彦夫就挥舞着被截肢的双臂，哭喊道，"我才只有十八岁呀！我也想参与建设新中国，可眼睛看不清了，没手没脚了，我还有什么用?！你们不要再管我了……"

"好！大家不要管他，就由他去吧！"崔国正的话一下子就把朱彦夫镇住了。

崔国正把放声痛哭的朱彦夫抱回床上。几乎一整夜，宫行珍都守在他床边。崔国正也忙里偷闲，经常过来看望他，开导他。

"每个人的生命都只有一次，是最珍贵的。不管怎么说，你还活着，想想你那些牺牲的战友……"

是呀，他至少还活着。可他如今这般模样，日常生活都需要人照料，翻身擦洗，喂饭喂水，擦屎倒尿……他一个十八九岁的大小伙子，知羞也知耻，被别人像哺育婴儿那样照料着，这是他无法忍受，更无法逾越的心理鸿沟。

他一次又一次地闭紧嘴巴，拒绝别人喂饭喂水；他一次又一次夹紧双腿，拒绝别人给他擦洗屎尿。可是尽职尽责的医生和护士总有办法不让他饿着渴着，也总能轻而易举地帮他擦洗。

躺在病床上的日子里，他时常想念娘。想起娘，他心中又会生出另一种悲苦：娘还活着吗？娘现在怎么样了？收到我的革命烈士证明书，娘本来就脆弱的神经，能承受得住失子之痛吗？

他多么想请人给娘写封信去，让娘知道他还活着。可是，他转念一想，娘要是知道自己如今是这副模样，也许会比遭遇失子之痛更受打击吧？可是，自己明明还活着，却不能和娘相见，这又是一种残酷的折磨啊！

一个难忘的日子

不久后,朱彦夫离开长春的野战医院,被送到山东泰安荣誉军人休养所。在这里,他又浑浑噩噩地过了两年。

一九五二年的清明节,是一个令朱彦夫终生难忘的日子。

那天清晨,他被护士喂过早饭后,正用视力仅有0.3的那只唯一的右眼,望着窗外刚刚吐出新芽的柳树发呆。突然,所长领着一个陌生人走了进来。

"小朱,这位是张校长。今天是清明节,他想请一位荣军给孩子们做场报告。我觉得你来讲最合适。"所长说完,没等朱彦夫回答,便又向张校长介绍道,"他就是我刚才给你说的那位特等伤残军人。"

张校长看着朱彦夫,脸上的表情有些惊愕,但他很快反应过来,快步走到床边,下意识地伸出手,朱彦夫也下意识地举起一条残臂。张校长随即意识到朱彦夫没有手和他握,一时有些尴尬,可伸出去的手,不知是收回来好,还是继续往前伸好,就那么伸出去收回来几次,张校长不由得脸红了。

所长像没看见一样,对有些愣怔的朱彦夫说:"你不用紧张,你就给孩子们讲讲你在战场上的那些经历,讲讲你是怎么光荣负伤的就行,孩子们一定会很受感动和鼓舞的。"

"我……我……"这突如其来的邀请让朱彦夫有些不知所措。植过皮的嘴角本来就时常抽搐,一紧张就痉挛,说话结巴,口齿不清,口水直流。

可是,还没等他吐出第二个字来,张校长就无比诚恳地说:"朱彦夫同志,真是辛苦您了!"

"我……"朱彦夫把求救的目光转向所长,"你……知道的,我……这……嘴巴有……有伤,不听……使唤……"

朱彦夫挥舞着双臂,又慌乱又焦急地推辞着。这时,学生们已经排着整齐的队伍,走进了休养所的院子里。张校长急切地恳求道:"孩子们已经来了,您就给孩子们讲讲吧!"

"你嘴角有伤,就讲慢一点儿,就讲讲你自己的经历,不用紧张。"所长哄劝着说道,伸手拿起放在枕边的军帽和墨镜给他戴上,将他抱起来就向门外走去。

孩子们一看到朱彦夫,瞬间响起一片唏嘘声。朱彦夫本能地想要逃跑,可又不知所措,所长已经把他放在了一把椅子上。

看到朱彦夫那副局促的模样,张校长赶紧挥手说道:"同学们,静一静!他就是特等伤残军人朱彦夫同志。为了我们新中国的成立,为了我们今天来之不易的幸福生活,朱彦夫同志十四岁参军,他英勇战斗,多次立功。今天是清明节,我们缅怀先烈,向战斗英雄学习,请同学们用热烈的掌声欢迎我们最可爱的人——战斗英雄朱彦夫同志做报告!"

哗哗哗——一阵热烈的掌声响起来,一双双敬佩的眼睛看向朱彦夫。他从未经历过这种场面，看着满满一院子的学生，他神情紧张，嘴角早已抽搐得张不开口了。

就在朱彦夫紧张得嗓子发干，嘴唇乱抖，连一个字也说不出来的时候，护士小郭一个箭步冲上来，轻声在他耳边说："朱彦夫，不要慌。在战场上，你连炮弹都不怕，现在讲讲你经历的事，你怕啥？大不了你就当你面前是一片棒子地！"

小郭是专门护理朱彦夫和同室的另外两名荣军的，平日里活泼伶俐。经她这一鼓励，他立刻有了一点儿信心。

好吧，反正我也看不清，就当面前是一片棒子地吧！心里这样一想，他紧张的神经渐渐放松了下来。

"同……同学们好！我……我今天给大家讲……讲一讲我在朝鲜长津湖二五〇高地的那次阻击战……战吧！"

哗哗哗——热烈的掌声又响起来。

虽然朱彦夫紧张得心跳加快，嘴角一阵阵痉挛，但他刚说出这句开场白，就收获了如此热烈的掌声，这给了他极大的鼓舞。于是他努力定定神，放慢语速，尽量让语句流畅起来。

讲着讲着，朱彦夫便沉浸在了那硝烟弥漫的战斗中。一个个亲爱的战友，一个个鲜活的面孔，一次次英勇的壮举，一个个惨烈的场景……都一一闪现在他的脑海中。

他眼含热泪，语速时快时缓，动情地讲述着那悲壮而惨烈的战斗情景。他时而挥舞着双臂，时而哽咽到无法讲述。

开始，院子里一片静默，继而便有了低泣声，很快，低泣声变成了连成一片的哭声。

朱彦夫的讲述被哭声打断了，就在他愣神的时候，张校长一步跨到他身边，振臂喊道：

"向最可爱的人学习！向最可爱的人致敬！"

学生们全都站起来，一个个哽咽着呼喊着："向最可爱的人学习！向最可爱的人致敬！"

朱彦夫被这场景惊呆了。他做梦也没想到，自己讲的这些真实发生在他生命中的战斗经历，会对学生们产生如此强烈的影响。

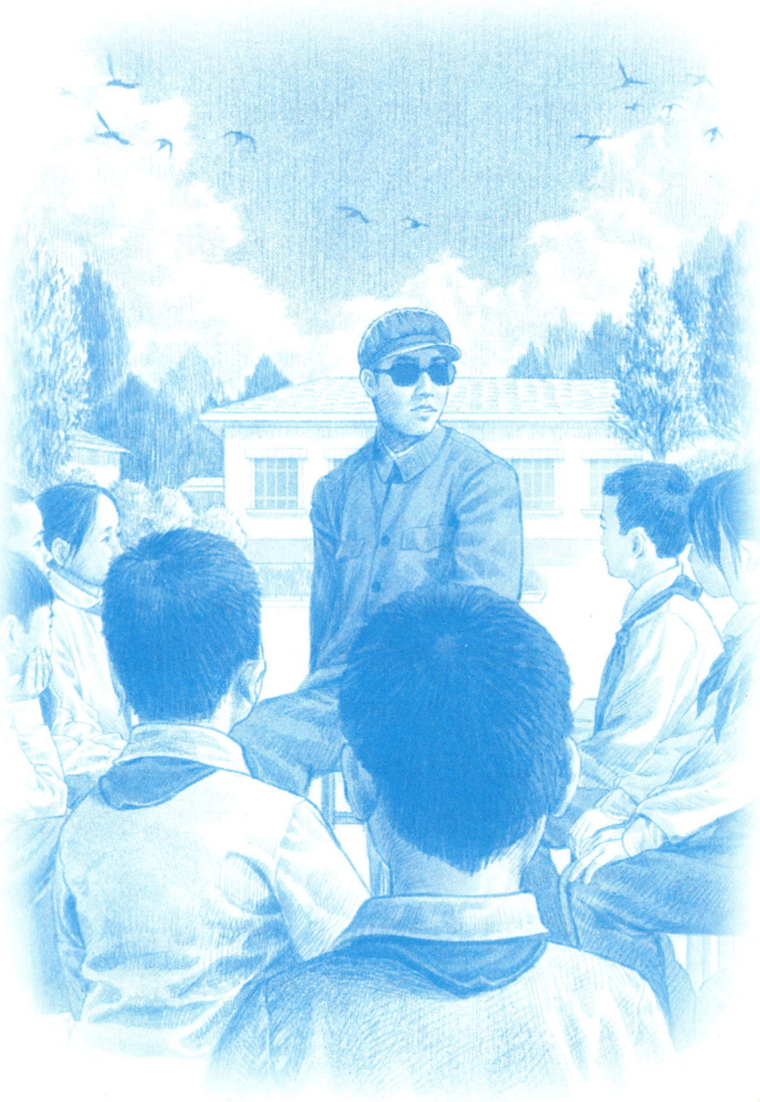

重燃生命之火

学生们的哭声和呼喊声，一连数天都回响在朱彦夫的耳畔，这次经历让他深受鼓舞。他忽然觉得，虽然自己是一个重度残疾人，但并不是半点价值都没有的废人。这样想着，他一直阴郁黯然的心里终于有了一丝光亮。更重要的是，他终于找到了活着的意义。

日子仍在一天一天过着，但他和之前不一样了。心中有了目标，脸上有了朝气，他开始积极配合治疗，并寻找机会锻炼自理能力。

他非常清楚，自己想要锻炼自理能力，必须要战胜超乎想象的艰难和困苦，且这个过程会相当漫长。

他不惧怕任何艰难困苦，过程漫长他也能坚持。问题的关键是，在荣军休养所的他，压根儿就没有机会锻炼自理能力。医生和护士都以高度负责的态度包揽了他生活中的所有事情。

但机会还是被朱彦夫等到了。

一天早上，护士小郭把朱彦夫和同病室的两位荣军推到饭桌前，端来饭菜，正要给他们喂饭时，隔壁病室的老刘掉下床摔伤了。小郭听到动静，一边急匆匆地往外跑，一边大声地说："你们先稍等一会儿，我去帮忙照顾一下！"

从朱彦夫入院以来，每一顿饭都是护士一口一口地喂，每一口饭喂进他嘴里，苦在他心里。他心烦意乱，几乎每顿饭他都只吃几口，就说自己吃饱了，然后就再不肯张嘴吃了。虽然他为此挨过不少唠叨，但好处是，他吃得少，排泄就少。一个大小伙子，让人给解裤腰带，擦屁股，那份折磨简直比死还难受。随着肉体上的伤口一天天愈合，心灵上的伤口却一天天被撕扯。

小郭一走，朱彦夫便一边迫不及待地向饭桌挪身子，一边用欣喜的目光征询两位室友的意见。

一位室友叫侯方仁，四肢也被截掉了，但肢体保留较长，创面愈合也比较好。另一位室友叫张希德，被炸弹炸去了双眼，但还有手有脚，十根手指还剩下五根，左手两根，右手三根，相比较而言，他算是三个人中最健全的一位了。

他们两人也都有学会自理的意愿，见朱彦夫要行动，侯方仁也指挥着张希德向餐桌靠近一些。

不等他们两人挪过来，朱彦夫已开始"吃"了。

他试探了一下，感觉两条短臂不好使，干脆俯下身子，直接用嘴吃。第一口，饭还没吃进嘴里，两腮上就沾了不少饭粒；第二口，嘴稍一用力，碗就啳地一下被拱下了桌子。

听到碗被打碎的声音，张希德有些急了，喊道："哎呀，你急啥呀？还是让我发挥一下优势，喂你俩吃饭吧！"说完，他就伸手在桌子上乱摸，勺子碰落在了地上，一个菜碗也被推倒了，菜汤顺着桌沿往下流。

侯方仁见状，急忙把残臂放在张希德的手上，指引他端碗拿筷。张希德终于能端起碗，拿起筷子，立刻得意起来："嘿，咱们三个人两只半眼睛，五根手指头。现在你俩看我的筷子，我夹着饭吃饭，夹着菜吃菜，夹不着也别见怪……"他边说边用筷子在碗里乱扒拉，三根手指不听使唤，不是夹不着，就是夹起来又掉落。

侯方仁着急地喊道："我指挥，你喂！"

于是，侯方仁又把右臂搭在张希德的手上，开始指挥："菜在这里，靠前一点儿，伸筷子，向右一点儿，右！往下落，再落点，好，夹住，使劲！举起来，向前送，慢一点儿，稳住！小朱，快伸过嘴来，呀呀！掉了……"

朱彦夫顿感索然无味，起初的兴奋荡然无存。

这种吃法，狼狈不说，就算能吃到嘴里也不是自己做到的。一股失望袭上心头，他烦躁地说道："不吃了！"

两个室友也都心灰意冷，一个扔下碗筷，一个呆坐着，一阵默然。

这时，小郭急匆匆地推门进来，一眼就看到米饭菜汤撒得桌上、地上到处都是，顿时就惊了："你们在干什么？谁让你们自己吃的？是谁的主意？"

"我的！"朱彦夫说道。

"你……"小郭很无奈，接着就唠叨起来，"怎么就非要逞能呢？"任凭小郭说什么，朱彦夫都一直痛苦地闭着眼睛，一声都不出。

侯方仁见此，忙打圆场："是我想逞能，为的是让你省点麻烦，希望你能理解。"

"糟蹋这么多粮食，还让我理解，下次不能这样了，记住没？"

"记住了！我代表他俩向您保证，今后保证老实规矩，做个听话的'好孩子'！"

侯方仁故意把话说得俏皮，好让小郭消消气。小郭一边打扫，一边唠叨："多糟蹋粮食，粒粒皆辛苦啊……"

在休养所里锻炼自理能力，根本行不通。朱彦夫意识到，只要继续生活在饭来张口、衣来伸手的休养所，他将永远都只能依赖他人而活。

决意回家去

如果此生不能学会自理,我情愿离开休养所,到杳无人烟的荒野,过动物一样的爬行生活,也不过这种寄生虫一样的日子!

自从那个清明节之后,朱彦夫不止一次这样暗暗发誓。如果离开休养所,自己唯一可去的地方,就是家。

家,是一个多么温暖又美好的字眼呀!离别七年的家乡,一直让他魂牵梦萦。然而,自己这重残的躯体,还能回到家乡去吗?娘看到自己这副模样,能承受得了吗?

娘!朱彦夫在内心用力地狂喊了一声,他感觉自己的心都碎了。

七年来,除了在战火纷飞的战场,他无时无刻不想念娘,不牵挂娘。当年他为了崇高的少年梦想,义无反顾地离开了家。虽然他曾想过,自己有可能会牺牲,娘可能会失去他这个儿子,他也曾想过,自己可能负伤,但他没想到会伤残到这般程度。

娘!你还好吗?你还在吗?如今,我躺在这冰冷的病床上,无时无刻不在想念着娘呀!可是我这副模样,能回到娘身边去吗?想到娘近在咫尺,自己却不能去看望娘、陪伴娘,朱彦夫忍不住泪流满面。

听到抽泣声,两位室友都关切地问:"小朱,你怎么了?"

"我想回家。"朱彦夫没好意思说想娘了。

"回家?别瞎扯了!"张希德立刻泼冷水说,"如果你娘还活着,你回家不能伺候她,反而让她给你喂吃喂喝,擦屎端尿,你忍心呀?如果你娘已经没了,回家谁照顾你?"

"是呀,小朱,别瞎想了,咱这辈子就认命吧!"侯方仁说完,长叹一声。

两个室友的话让朱彦夫的心一下子跌进绝望的泥沼里。是呀，回家是美好的，可我能回家吗？回家是伺候娘，还是让娘伺候我？娘已经饱经沧桑，还能禁得起我这伤残儿子带给她精神上和身体上的折磨吗？

一九五四年的春节临近了，朱彦夫越发彷徨和焦虑。回家的念头一直萦绕在他心头，回家的愿望一天比一天强烈。

眼看着朱彦夫的饭量锐减，整日一副病恹恹的样子，小郭很是着急，便把情况汇报给了所长。所长来到朱彦夫的床前，和他促膝长谈。他被所长的一片诚意打动，把自己想回家的想法和盘托出。

"所长，您若答应放我回家，就是救我一命。目前这种事事依赖他人帮助的生活，我每过一天，都是在受折磨、受煎熬呀！"

"你回家，你母亲的身体恐怕……"

"您放心，我回家一定不会让娘照顾我的，而且等我有了自理能力，我还有机会孝敬我娘。"

"可目前你回家，谁照顾你呢？假如你母亲

决意回家去　109

已经……"

"我想回家，就是想在没人照顾的环境里，逼迫自己锻炼自理能力……"

"小朱，你想得太简单了！你不仅没有手，还缺一截小臂，离开别人的照顾，谁给你喂吃的，倒水喝？还有大小便，你如何解决？"

"所长，我不试试，死不甘心！"

起初所长坚决不同意，但看到朱彦夫日渐消瘦，似乎他回家的心意已决，经过几日慎重考虑，所长找到一个折中的办法，对朱彦夫说："小朱，你回家的事，我是不同意的，但看到你这么坚决，只好同意你回家去试一试。前提是你必须得答应，要是在家自理不行的话，你要抓紧时间再回来！"

"太好了！谢谢所长，谢谢您理解！"朱彦夫激动得浑身颤抖，眼泪唰地一下流了出来。

所长原本打算亲自送朱彦夫回家，但临近年底，休养所工作繁忙，所长让他再等些日子，待春节过后清闲一些时再送他回家。但朱彦夫归心似箭，恨不得当日就奔回家去。所长理解他的心情，只好找了一辆独轮车和三个年轻力壮的车夫,安排次日一早就出发。

次日拂晓,推着朱彦夫的独轮车就吱吱嘎嘎地出发了。二百里的山路,三个车夫轮流着推。不巧,半路上下起大雪,本来山路就难走,加上雪天路滑,他们走到半夜才来到了张家泉村。

深更半夜里,朱彦夫看着朦胧夜色中熟悉的村落,他又激动又惆怅。这里就是他一别七年的家呀!七年里,他无数次想家,无数次泪湿衣襟呀!

今天,他终于回家了,却仿佛在梦里。

在朱彦夫的指挥下,独轮车七弯八拐,终于停在了家门口。他深吸一口气,举起两截残臂胡乱拍打了一下身上的雪花,努力用平静的语气对三位车夫说:"你们帮我装上假肢就回去吧!"他需要平复一下心情才能回家。

其中一个车夫问:"你自己能行吗?"

"能行!"

于是,他们帮朱彦夫装上假肢,把挂在车把上的一个小包袱挂在他的肩膀上后,就转身离去,慢慢消失在了夜色里。

游子风雪夜归来

朱彦夫的心怦怦地跳着,他颤抖着身体,拖着假肢在厚厚的雪地上艰难地挪了几步,便坐在了自家门口的石阶上。

眼前的一切是多么熟悉呀!门口的这条石径,还是记忆中的模样。七年前的那个夜晚,他就是踏着这条石径悄悄离开的,七年后的这个夜晚,他又沿着这条石径悄悄地回来了。

院门口两侧半人高的石墙,被风雨侵蚀得都是裂口,雪花铺在上面,仍然遮不住它要倒塌的迹象。院子里的两间草房低矮破旧,显得老态龙钟,带着股凄凉。靠东墙的那盘石磨,倒是还和记忆中的一样,那些树木也长高了,有些陌生了。

朱彦夫努力想让自己平静一点儿，好能早一点儿进去见日思夜想的娘，却做不到。心跳得有些慌，他不得不再坐一会儿。

烈属的牌子应该发下来了吧？我这个已经"死去"的人，又冷不丁地回来，娘会不会受到惊吓呢？何况走时一个活脱脱的少年，如今归来变成了这副模样。

一时间，朱彦夫好后悔没提前告知娘自己要回来，也后悔不该让那三个车夫先走了。

原本急切的想踏进院落去见娘的心情，此刻迟疑起来。怎么办？难道坐在这里等到天亮吗？可在独轮车上蜷了这么久，浑身就像要散架似的酸痛，残躯也不抵这严寒，假肢在腿上也不能撑太久，断肢神经早就开始阵阵作痛了。

罢了，先进去看看娘还在不在再说吧，既然回来了，早见晚见都得见，难道娘还会害怕自己的儿子？不管我是什么样子的，总归是娘的儿子。

朱彦夫不再犹豫。他撑起双拐，咬牙挺起酸痛的身体，两条腿一阵剧痛，险些摔倒。他慌乱地稳住身体，慢慢拖动假肢向院子里挪。院门早就没有了，但院门口往里有一级石阶，因为有厚厚的雪盖着，他没看清，一脚踩空，还没等他反应过来，已重重地摔倒了。右腿的假肢折下来，被猛烈撞击的截肢处，痛得他几乎要晕过去。

最要命的是，假肢折下来，他没有能力再装上，没办法，只能爬行了。为了爬行方便，他干脆用嘴撕咬，艰难地把左腿上的假肢也撕扯下来，用残臂把两条穿着真鞋子的假肢拢在一起，夹在腋下，在雪地里一拱一拱地向屋门口爬去。

终于，朱彦夫爬到了磨盘边。他双臂撑地，抬起身子，将背倚在磨盘上，正要喘口气时，猛然间，看到了屋门口东侧挂着的那块牌子。牌子不大，字却不小，黄底上有六个黑字——革命烈属光荣。

他的头皮不由得一阵发麻，虽然有心理准备，但冷不丁看到这块牌子，仍是惊出了一身冷汗。

老天爷，娘已经认准我是死人了！朱彦夫感觉自己的心好痛呀，眼泪不由得流出来，娘看到这块牌子时，该是怎样地伤痛欲绝呀！就这么一个儿子，悄悄地走了，别人送回来时，变成了一块牌子。

渐渐地，朱彦夫看清了，屋门关着，没有上锁。没上锁就说明屋里有人，证明娘还活着！他虽然一直心存侥幸，祈盼娘还活着，但心里总有几分惶恐，还有说不出的焦躁和不安。此时此刻，他突然确定娘还在，心里像是一下子卸去了什么重负，感觉浑身的血一下子都涌进了心脏里。接着，他猛烈地跳起来，忘乎所以地失声大喊："娘！"

这突兀的喊声，在这寂静的夜里，是那么尖厉刺耳，把他自己都吓了一大跳。他刚回过神来，屋里就传来了一个微弱又苍凉的声音："谁呀？"

娘真的还活着！这声音虽然七年没有听到了，但一听就是娘的声音。这声音让他一下子热血沸腾，一股亲切的暖流瞬间涌遍全身，他再也抑制不住，大声地喊道："娘！娘！是我！我是彦夫！我回来了！我还没死，只是受了伤，现在我回来了！娘……"

朱彦夫语无伦次地喊个不停，屋里却没有半点动静。喊着喊着，朱彦夫一下呆住了："老天爷，一定是我把娘吓着了吧?"他仿佛听见了娘惊恐不已的喘息声,他吓得连大气也不敢再出了。

村里的狗都叫起来了,狗吠声响成了一片。有些人家的灯也亮了起来。过了一会儿,屋门慢慢打开了,娘颤巍巍地出现在门口,探着身怯怯地向院子里张望。终于,娘看到了石磨旁的朱彦夫,一脸惊愕。接着,娘的身子晃了一晃,一头摔倒在了门外的地上。

"娘!娘!快来人呀……"朱彦夫什么也顾不上了,一边扯开嗓门儿没命地大声喊叫,一边快速地一拱一拱爬向娘,"娘!快来人呀,快来救救我娘……"

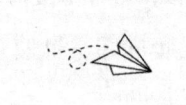

半夜惊醒一村人

很快,有奔走的脚步声传来,由远及近,由零星到杂乱。朱彦夫怕来人听不出方位,又大声叫道:"在这里!在这里!快来救救我娘……"

不料,那杂乱的由远及近的脚步声,都骤然停在了院外,没了动静。朱彦夫虽然着急,但也突然明白了,乡亲们是被他突如其来的叫声吓住了。那时候,山村的人没有文化,他们都知道娘已没了儿子,深夜的院子里,却出现了一个叫着娘的声音,谁还敢进来呢?!

情急之下,他还想解释:"我是朱彦夫……"

不解释还好,话刚一出口,刚刚聚拢过来的人群,瞬间就炸了锅,全都惊叫着跑了。

他恍然醒悟，乡亲们都知道自己已经"死"了，这三更半夜的，自己又突然冒出来，乡亲们还能不被吓坏了？

娘昏厥在跟前，他想掐娘的人中，可他哪有手呀？听到外边又有脚步声，他不但不敢再吱声，还赶紧往后挪了几下，一是怕他的样子再吓坏醒来的娘，二是怕有人进来救娘时，再把人给吓跑了。

大山深处的人与外界少有联系，迷信的村民们都被吓到了。不过，好奇心又驱使他们回来想探个究竟。过了不久，外边响起一个颤抖的声音："嘿！你到底是谁？求你快走！"

朱彦夫不敢再莽撞了，一时不知道该不该回话。这时院外的人越聚越多，还亮起了几盏灯笼，声音变得更加嘈杂。

"把灯笼借我用用！"问话的那个声音又响起来了。

朱彦夫听着声音有些耳熟，该不会是猛子吧？猛子是和他一起长大的玩伴，打小就胆大豪爽。朱彦夫还不知道，猛子现在是村里的民兵连长了。

猛子右手举着灯笼，左手抓着根棍子，开始往院子里移动。他虽然胆大，但心里也害怕，他走走停停，慢慢挪着步子。突然，他把灯笼挂在树上，双手举起棍子，冲着磨盘这边，声音哆嗦着问："你……到底是谁？快……说话！"

朱彦夫不敢吱声，怕一吱声又把猛子吓跑，还是先有人救娘要紧。但他急切地一仰脸，那满脸的伤疤，深陷的左眼窝，还是把猛子吓了一个趔趄。

朱彦夫一急，脸颊与嘴角相接处的两条神经急剧地抽搐起来，肌肉缩成一块一块的。为了不吓坏猛子，他赶紧把头扑在地上。可是他这残缺的身躯，还有那两条散落在地上的穿着真胶鞋的假肢，还是把猛子吓到了，他双腿一软，"啊"地惊叫一声，一屁股跌坐在地上，摔了个四仰八叉。

朱彦夫又惊又急："别怕，你是猛子吧？我是彦夫！我没死！我只是受伤了！手脚被截掉了！你快救救我娘吧……"他越说声音越大，是在对猛子说，也是对院外的人喊，"快来救救我娘呀，快救我娘！我是朱彦夫，从休养所里回来的……"

猛子虽然仍是满脸惊恐，浑身颤抖，但似乎已经回过一些神来，他坐在地上，急忙大声喊道：

"二婶！二婶来没来？快！打发人去叫二婶……"

门口人群一阵骚动，一个老太太拨开众人，急匆匆地奔进院来，身后跟着一个青年人，似乎是怕她跌倒，欲伸手扶住她。

"我就说是彦夫吧！彦夫在哪里？四嫂呢？"

朱彦夫听出来这人是张婶，心头一热，原来张婶也还健在。这回娘有救了。张婶是个热心肠，从小待他就好，当年他家连遭不幸，多亏张婶照应。朱彦夫还不知道，张婶的儿子也参军了，并且真的牺牲了。

张婶走到近前，看到朱彦夫的模样，也被吓得不轻，但她很快镇静下来："彦夫，你……你真的没死，没死好呀！你……先坐着等会儿，我先看看你娘……"

张婶边说着，边慌慌张张地扑到娘跟前，跪下身子，抱起娘的头，又是掐人中又是揉心窝，边忙活边嘟哝："嘿！四嫂子快醒醒！快醒醒！你儿子回来了，你怕啥呀？人家刘庄的那个，说是死了的，不也回来了吗？就不能出个错呀……"

张婶的话，不仅让大伙儿都相信了朱彦夫是

活生生的人，也让朱彦夫吃了一颗定心丸。只是猛子从地上爬起来，有些气恼地说："彦夫，你没死咋不先捎个信回来？不捎信倒也罢，咋专挑这样一个黑灯瞎火的半夜回来？你看看你把大伙儿吓得……"

"行了，你这个猛子，还是民兵连长呢，别人怕，你也怕，快去把你彦夫哥扶起来！"朱彦夫一脸愧疚地看着走上前来的猛子，心里也责怪自己考虑不周，就在他想说几句道歉的话时，娘醒来了。

娘先是一阵猛烈的咳嗽，完全说不出话来，这突如其来的变化让她悲喜交加，一时间还无法接受这个现实。

看到娘的这副模样，朱彦夫的心像被刀割针刺般地痛着，那一腔悲苦如鲠在喉，瞬间脱口而出："娘！"

他大声呼喊着，眼泪无法控制地滑落下来。他顾不得擦拭，双臂似乎有了无尽的力量，猛地撑起身子，扑到了娘跟前。

人仰马翻的一天

折腾了半夜，天快亮的时候，猛子等人把东边小屋里的杂物搬出来，腾出点空，靠窗垒了四个石垛子，架上一扇门板，铺上一些柴草和一床破褥子，朱彦夫就算有床了。

朱彦夫确实累了，被人抬到床上，盖上了一床破被子，没过多久就睡着了。清晨，在喜鹊的叫声中，他睁开眼睛，透过又密又厚的木窗棂感觉到外边出太阳了。他的心情不由得一阵轻松，心想：昨夜还下雪呢，早上天就晴了，看来是个好兆头，回家一定是对的。

他拿定主意，这回家的第一顿饭，一定要坚持自己吃。第一顿饭要是让娘喂了，接下来的每一顿饭，就得费很多口舌。他正在谋划着如何争得自己吃饭的事，吱扭一声，小东屋的门被推开了。

娘和张婶给他送饭来了。娘双手端着一碗热气腾腾的荷包蛋汤。娘的脸色舒展了一些，虽然儿子变成了这样，但毕竟还活着。张婶满脸带笑地抱着一摞煎饼，一进门就快言快语地说："快，彦夫，我刚给你摊的煎饼，还热乎着呢，你可是好几年没吃到咱家乡的煎饼了……"

张婶说着，顺手把一个方凳放在床上，让朱彦夫当饭桌。娘把盛鸡蛋的碗放在了"桌"上，张婶也把煎饼放上去，快速解开包着煎饼的雨布，卷起一个煎饼，递到了他胸前："快，趁热吃，香！"

一天一夜没吃东西了，朱彦夫的肚子早就饿得咕咕叫了，刚下鏊子的高粱煎饼，香气直往鼻子里钻。朱彦夫两眼放光，不假思索地伸出两条残臂去接煎饼。煎饼一下掉在了床上。

张婶一下反应过来，悔得直拍额头："哎呀！你看我老糊涂了，忘了你……"她咽下后半句话，拾起煎饼，扭头对娘说，"四嫂，咱俩喂彦夫，你喂蛋汤，我喂煎饼。"

朱彦夫连连摇头摇臂："不不不，婶子，娘，你们不要喂，我……我自己吃！"

娘已端起碗，佯装责备道："你这孩子，犟得不知好歹，你没手咋自己吃？"

"娘，放下吧，我都这么大了，咋能让娘喂？"

"大咋了？大就跟婶子生分了？你小时候婶子也喂过你吃饭！快张嘴！"张婶也佯装生气地说着，不由分说地把煎饼递到他嘴边来。

朱彦夫歪着头，躲开递到嘴边的煎饼："我……我回……来，就是为……锻炼自己……自理……"因为着急，嘴角的肌肉又开始抽搐，他嘟哝了半天，娘和张婶也没听太明白。她们仍坚持喂他吃饭，但朱彦夫的犟脾气，她们在他小的时候就知道，推推挡挡了半天，哄劝了半天，朱彦夫就是坚持不让喂，她们只好停下来。她们实在不理解，没有手的人怎么才能自己吃饭，就把蛋汤和煎饼放在方凳上，期待地看着他，看他怎么吃。

朱彦夫顿感惶恐和不安，自己还不能自理吃饭，决不能让她们看到自己的狼狈样。他就执拗地坚持她们走了才吃，娘和婶子只好无奈地带上门走了。

朱彦夫立刻开始行动，他用一条残臂撑着趴在方凳前，另一条残臂放在方凳上压住煎饼，把嘴凑上去撕咬。残臂压不住，嘴角又抽搐，使不上劲，煎饼还没撕咬两口，嘴角却被煎饼戳得疼了起来。嗓子也有些干，他放弃煎饼，用两条残臂抱住碗，去对付那碗荷包蛋汤。他张嘴咬住碗沿，猛吸了一口，还没咂摸出味道来，突然残臂一阵抽搐，不由自主地一松，碗一下子失去平衡，朝着眼睛、鼻子扣过来，又滚落到地上摔碎了，汤洒得脸上、身上、床上、方凳上到处都是。

娘和张婶听到动静跑进来，看到洒了一地的蛋汤，娘直埋怨他犟，糟蹋东西。他尴尬又羞愧，心中说不出地难受。

早饭吃成这样，午饭也是吃了个"人仰马翻"。

虽然回家第一天就因吃饭的事挨了娘的数落，但坚持自己吃饭的第一仗算是打赢了。接下来就是大小便的问题，二十多岁的大小伙子，决不能让娘给端屎倒尿、擦屁股。他早就想好了，白天尽量少吃少喝，等到半夜无人时，自己爬到外边的草丛里去解决。

他的想法很好，可截肢了的躯干，其残留部位的神经功能还是完整健在的，这种神经反应会给大脑一种错觉，总觉得肢体如先前一样健全，这就使得大脑还按四肢健全去指挥动作。半夜里睡得有些迷瞪的朱彦夫就吃了这个亏，他以为双腿已触到地上，结果刚行动，就听哐当一声，从床上摔在了地上。

朱彦夫摔下来时，额头磕在石板地上，摔破了，截肢创面也被磕得撕裂开来。他顾不上腿、臂截肢处钻心的疼痛，想赶快回到床上去。他害怕娘听到动静后，过来看到他头破血流的惨状。

慌乱中，他原地挪挪身子，两条残臂搭上床沿，想攀上床去，藏进被子里隐藏额头上的伤口。他腿臂并用，急抓急攀，越是着急，腿臂就越不听使唤，接连几次都没能爬上床去。其实考虑到他上下床方便，门板下的石垛子垒得并不高。听到娘一边问着，一边朝小东屋走来，他两臂猛压床沿，想借劲翻上去，不料这下用力过猛了，身子还未离地，整个床板却一下子翻了过来。他心中一惊，本能地伸出残臂去挡，但那床板又厚又重，随着一阵剧痛传遍全身，他疼得晕了过去……

人仰马翻的一天　129

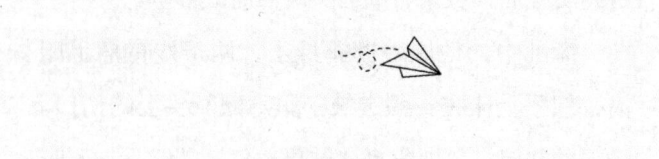

娘的哭声揪儿心

朱彦夫已经回家几个月了。而锻炼自理能力的成果,除了摔碎了几十个碗盘之外,几乎没有进展。自理装卸假肢也很失败。

由于不间断地摔伤、擦伤和撕裂,又因缺医少药,四肢创面均有感染,再加上进食量少,他日渐消瘦,身体也愈加虚弱了。但这不是最折磨他的,最折磨他的是每顿饭,娘都要强行喂他,他就不得不每次都要和娘争执一番。

"娘呀,你每天来给我送吃送喝,已经让我很难承受,你就让我自己练着吃吧!"

"犟驴,你没手怎么练?你就省省心,让娘喂吧!"

"娘呀，光会喘气，让人喂饭，这不叫活着！"

"唉！"娘无奈的叹息声越来越重了，"你就犟吧！"

每次他锻炼安装假肢的时候，娘也总是强行来帮忙，推也推不开："你就让娘给你装吧！娘求你了……"

"唉！"朱彦夫无奈的叹息声也越来越重了。

聊以自慰的是，经过不懈努力，他终于能用双膝夹住煎饼，再用两条不灵活的残臂平衡好，努力低下上身就能自己吃煎饼了，这点胜利给了他不少信心。

他又开始练习吃碗里的饭，在尝试了各种吃法后，定了练习抱勺吃饭。一开始，两条残臂就像两根僵硬的木棍，好不容易夹起的勺子，一抬起来就不知不觉地掉落，他就用嘴叼起，放在桌上再练。上千遍练习后，他终于能夹住勺子了，但经过用臂抱勺、伸臂舀饭、举臂运饭等几个动作后，好不容易凑近嘴边的勺子里的饭已经洒得所剩无几了。而这时，他往往没吃上多少饭，已累得大汗淋漓，筋疲力尽。

一天，娘特意给他做了碗杂面，喜滋滋地端来说："彦夫，看娘今天给你做了啥？"

他探头一看，高兴地说："杂面，我，我半辈子没吃了。"

"娘就知道你爱吃。不过娘忘买碗了，咱家现在就这一个碗了，这顿你得让娘喂！"

"娘，不行！我好不容易能自己吃到嘴里了。"

"你能吃到嘴里了不假，但你每顿能吃上多少呢？"娘板起脸，生气地说，"看你都瘦成啥样了？！"

"娘，我保证连一滴汤都不洒，都吃到肚子里。"

"那也不行！"娘板起脸，"就这一个碗了，你别再把这最后一个碗打碎了。"

"娘，我小心点，碎不了！我这大半个月别的啥也没干，天天都在练习抱勺吃饭。不信你看，我现在抱勺抱得可好了！"朱彦夫说着，用双臂抱起勺子，"娘，你看我已经能熟练地抱勺了，你别让我放弃，我再练上个百八十遍，保准以后用勺吃饭就行了。"

娘的哭声揪儿心　　133

在朱彦夫的坚持下,娘无奈地摇摇头,叹息一声走了。

朱彦夫开始吃那碗杂面。杂面很滑溜,勺子舀不起来,他只好采用第二种吃法,用嘴咬住碗沿,两条残臂平衡住碗,往嘴里吸溜。不料刚吸溜进嘴里一口汤,右臂突然抽搐了一下,身体猛地往右一倾,那碗杂面就扣在了脸上。他本能地想去护住碗,结果身子往右一倾,连人带碗都摔在了地上。

娘推门冲了进来。

其实娘没走,她就站在门外从门缝里看着他。几个月来,娘见他日渐消瘦,既心疼又担心,心总是悬着,还几次委婉地提出让他不如趁早回休养所。

娘见朱彦夫又一次摔得鼻青脸肿,蜷缩在石板地上疼得浑身抽搐,终于承受不住,爆发似的大哭了起来:"你这样何必回来呀?你这是回来受什么罪呀?你不回来还有人伺候,你回去吧,回去吧!你回来干啥呀?娘也不是赶你走,可你不让娘这老胳膊老腿伺候你呀!不让娘伺候,你还是趁早回休养所吧!你要是不回去,这以后可咋办呀……"

娘撕心裂肺的哭声像鞭子一样抽打着他的心。其实，他心里也明白，娘是不得已才赶他走，是不忍心让他遭受折磨才赶他走。

虽然自己心比天高，但现实是无情的。无可辩驳的是，他拖累了娘。他感觉自己就像一根朽烂的一无是处的棍子，搅乱了娘平静的生活。四个多月来，自己跌跌撞撞，咬牙苦撑苦练，最后落得个伤痛交加，狼狈至此。看来，自己必须得做出抉择了。

他浑身的创面疼痛难忍，没有本事爬回床上。娘连搀带扶地帮他回到了床上，她先用那块包煎饼的布，帮他把头上、脸上、身上的杂面擦干净，又蹲下身去收拾脏乱的地面。

难道我活着就只能空耗光阴了吗？这样苟延残喘地活着，还有什么意义？还要让娘跟着受累受罪，遭受精神上的折磨吗？

朱彦夫内心充满了沮丧和愧疚。不知何时，屋外起风了。屋顶和窗棂都被风吹得发出了响声。天色渐渐暗了下来，一阵冷雨在黑暗中骤然而至，更增添了一份凄凉。朱彦夫痛苦地闭上右眼，急剧地抽搐着嘴,低沉而悲凉地对娘说:"娘,你甭担心了,我……我回休养所去!"

娘本来已经止住哭声,又突然悲哭起来。娘凄楚的哭声和着窗外的冷雨一起浇在了朱彦夫滴血的心上。

把自己隐藏起来

"真的放弃吗?"在凄冷的风雨夜里,他心有不甘地问自己,"可是有什么办法呢?自己再这样苦熬下去,折磨的不光是自己的肉体和精神,还有娘呀!可是,真就放弃,回休养所去?还是让娘喂吃喂喝,端屎倒尿?难道自己就像棵会喘气的植物一样活着吗?"

不!那样还比不上一棵植物呢!一棵小草能当牛羊的食物,能用来烧火做饭。一棵小树能为人撑起一片绿荫,成材后可以做成器具。自己活着除了给国家、给娘造成拖累,还有啥用?朱彦夫又一次陷入了绝望。

在悲苦的绝望中,他突然灵光一闪,想到了一个也许可以试一试的办法。

于是，经过几天的筹备后，他半夜爬出屋子，冲着娘那间屋的窗户喊道："娘，休养所的人来接我了！我回去了！你不用起来了，过两年我再回来看你！"

然后，朱彦夫快速爬回屋里，藏在了杂物后边的旮旯儿里。

不一会儿，他听见娘从屋里出来，走出了院门，很快又折了回来。娘推门进到小东屋里，屋里黑黢黢的，什么也看不清。

娘嘟囔着："咋说走就走没影了呢？也不跟我多说几句，唉，这个苦命的孩子……"娘一边嘤嘤哭泣，一边颤抖着摸出火柴，点亮了桌上的油灯。就着昏暗的灯光，娘打量了一下，吃喝用具都带走了，乡亲们送来的一堆豆腐干和煎饼也带走了。被褥还在，娘伸手摸摸，还有一丝余温。

朱彦夫藏在旮旯儿里，使劲屏住呼吸，直到娘抱起床上的破被，步履沉重地走出去，关门上锁后，他才敢大口呼吸。他第一次体验到了自由的感觉。今后他要在这自由的天地里，不畏艰难，独自磨炼自理本领了。

之后的十天里,他一次又一次在失败中重来。他坚信只要不放弃,总有一天他会凤凰涅槃,重获新生。而娘在这十天里,一阵阵欣慰又一阵阵悲伤,欣慰的是儿子能平安地活下去了,悲伤的是自己亲手把失而复得的儿子赶走了。娘逢人就讲,逢人就哭,乡亲们也都跟着唏嘘不已。

十天后,朱彦夫藏匿前收集的那些煎饼、豆腐干都吃完了。而自理能力的锻炼,并没有实质性的进展,就连仅存的右眼的视力也开始模糊了。他心灰意冷,又一次陷入了绝望。朱彦夫静静地躺在床上,准备停止进食,想摆脱这残躯带给他的折磨。

恍惚中,他猛然坐起来:"不!我不能就这么放弃!我死在这间小屋里,早晚会被娘发现,娘怎么受得了?我还没有全力以赴,必须再坚持一下,成则生,败则亡!"

艰难的自理能力锻炼又开始了,只是食物和水已经告急。不过这难不倒他,他在决定藏匿时就观察到了,在北墙根的麦秸笼子里有些发了霉的地瓜干,旁边的泥罐里还有半罐子水。水是那天猛子来看他时，他让猛子去端来的，说要让猛子帮自己洗把脸，猛子端来水后，他故意说眼睛不舒服，就先不洗了。猛子走后，他用两条残臂抱着盆，将水倒进了泥罐里。

现在，他也顾不上地瓜干发霉，泥罐里的水脏了，只要这些能充饥解渴就行。朱彦夫给自己定好了量：每天喝两口水，吃三块地瓜干，支撑到哪天算哪天。

除了睡觉，他醒着的每一分每一秒，都在锻炼。他向往着每一天都有进步。每一点儿进步都会让他看到希望，让他感到欣慰。

渐渐地，他已经能熟练地捧勺了，捧碗他也渐渐摸到了要领。令他欣喜的是，随着吃饭自理能力的提高，虽然截肢创面被磨糙、磨硬了，但他夹、抱物品时的疼痛感却减轻了，身体也越来越灵活了。不过也有损失，三个碗和三个盘子都相继"牺牲"了。

"既然锻炼吃饭的器具没有了，那就锻炼穿衣服吧！"朱彦夫笑着对自己发号施令。衣服不怕摔，他一遍遍练起来，除了累得想躺倒，倒没啥别的损失。他很快就掌握了一些要领,只是解扣、系带难以做到。

"这个不是问题,以后我的褂子不缝扣子,直接从头上罩下来。裤子就用松紧带,这样就省事多了。"朱彦夫乐观地对自己说着,又开始练习起装卸假肢来。

从头再来又如何

锻炼装卸假肢比锻炼吃饭穿衣难多了,但是朱彦夫对自己说:"难又如何?我不是别人,我是朱彦夫!"

他坐在床上,按先后顺序,躬身先将衬布咬过来,搭在膝上,左臂压住一头,右臂开始绕着膝下的残肢一圈一圈地缠裹。可他总是顾此失彼,每当缠完衬布,伸嘴取绑带时,他就得用双臂支撑住俯下的身躯,不然整个身子就会失去平衡。可已经缠好的衬布一旦失去双臂的按压,马上就会脱落。

三天三夜过去了,光锻炼装卸假肢的一个步骤就折腾了几百遍,却毫无进展。朱彦夫累得浑身酸疼,整个人像要散架似的。他忍不住哼哼,却怕娘听见动静,极力压制着内心的痛苦。

临近黄昏,身体想停下来休息,心却不答应。

"战斗已经打响了,岂能停下?没有退路,继续往前进!"

"是!首长!"

朱彦夫举起残臂,敬个军礼,又坐起来。因为光线暗,他俯身用嘴和残臂摸索了一下各种配件的位置。昏暗中,他艰难地缠好衬布,这一次,他用嘴巴压住,一条残臂支撑身体,另一条去取绑带,仍然不行。残臂如同一根木棍,根本拿不起东西来。他又尝试用双臂去夹抱绑带,可因双臂过短,身体,特别是双腿很容易失去平衡。

"你叹息没用,只能再练再摸索,所有的事都是由生到熟,由拙到巧!"

"道理我懂,但是我太累了。可不可以先休息一下,养足精神,再踏征程?"

"好!这个请求允许!"

他立刻躺倒,沉沉睡去了。一觉醒来后,他立马投入到新一轮战斗中。不知又过了几天几夜,在失败了几百遍之后,腿与衬布像是有了某种黏合作用，嘴压衬布和臂夹绑带的动作也能够熟练地配合了。

这不仅让他欣喜，还冲跑了之前所有失败带给他的痛苦和绝望。他真想大声唱歌或大哭一场呀！

接下来，就是在衬布上再加缠绑带。一条绑带有六七米长，缠起来不仅费时费力，难度也更大。

他用嘴叼住绑带，压在腿上，再用双臂夹抱着绑带，一圈圈缠绕。有时绑带刚缠上一圈，因两条残臂僵硬失去知觉，一不留神，绑带就掉到地上，他只能下床用嘴叼起重新绑。然而他一下床，之前缠好的衬布就会脱落；况且，上下床对他来说是高难度动作。

缠绑带看似简单，但对没有手的人来说无比艰难。往腿上缠时，他得用嘴随时校正绑带的位置，不然就会不平整。除此之外，缠绑带时，还得把绑带压实、缠紧，否则，整条腿都伸不进腿套里，也就会前功尽弃。

朱彦夫终于缠好了绑带，接着就可以装腿套了。他先用嘴扯起腿套，再用双臂使劲撑开，然后跷起一条腿，必须准确地伸进去，并且使劲蹬到底。另一条腿也是这样做。

"哈哈,现在就剩下装假肢了!完成这最后一个步骤,属于我的胜利就在眼前了!"他这样说,既是在肯定自己,也是给自己加油鼓劲。

不料,他高兴得有点早了。他把假肢装上后,却无论如何也无法把皮带扣锁上。更要命的是,地瓜干没有了,连渣渣也摸不到了。泥罐里的水也没有了,即使他把泥罐推倒,趴在罐口使劲吸,也吸不到半滴水了。

"放弃意味着死亡,所以在确定放弃之前,我必须先确定,我是否已经尽到了全力?是否还有可能让自己活下去?"

"是的,朱彦夫你决不能服输!费了这么多天的拙劲,不能让胜利化为泡影!"说完,他用两条木棍一样的残臂去锁扣,但根本不可能。他又俯下身去用嘴锁,结果一头栽倒在了地上。

好不容易装上的假肢又摔了下来。朱彦夫面对自己的狼狈不堪,有些气馁了。常人随手的一个小动作,对他来说却像登天一样艰难。

"对!我不是常人,我是朱彦夫!"他说着,心气又回来了,"大不了我从头再来!"

新一轮的磨炼又开始了:缠衬布,缠绑带,装腿套,安假肢,最后反复练习锁皮带扣……

他尝试了各种姿势和扣法,整日整夜重复着失败,失败了再重来,一遍又一遍地练习。终于,他靠残臂压住皮带,穿过皮带扣,用舌尖舔住扣针,再用牙齿咬着皮带,使劲拉过来,穿过扣眼,皮带扣终于锁上了!

"啊哈!我终于成功了!我可以下地走路了!"

朱彦夫站起身来,像一位出征的战士,庄严地跨出了第一步。不料,由于长久没有进食,他眼前突然一黑,便什么也不知道了。

巧合的是,就在他晕倒的那天,休养所的人来看他了。他们跟娘和村主任等人一碰头,双方都慌了神。娘说人早已被休养所接走,休养所的人说根本就没来接他。

一阵惶恐之后,他们抱着一线希望,打开东屋的门,看看朱彦夫还在不在家里。门一打开,一股冲天的浊气差点把他们几个人掀翻。随后他们看到了趴在地上一动不动的朱彦夫。

大家都以为他已经死了,娘扑上去崩溃大哭。她苦苦思念儿子这么久,却没想到人竟然近在咫尺。她无法接受眼前的一切,痛苦地边哭边捶打着自己的胸口。

众人都在安慰娘,只有胆大的猛子把朱彦夫抱到了床上,发现他的身上还有温度。虽然他气若游丝,但还有气息。

灵魂伴侣陈希永

朱彦夫被紧急送到附近的医院。经过救治,他很快就苏醒了。刚恢复一点儿元气,他便拒绝别人喂吃喂喝,坚持自理。他的这一举动让医院里的一位姑娘非常敬佩,最终和他走到了一起。姑娘的名字叫陈希永,二十岁,是医院的一名护士。

说起陈希永和朱彦夫之间美好而伟大的爱情故事,就算专门写一本厚厚的书,恐怕也讲不透说不尽。在这里只能告诉小读者,陈希永不离不弃陪伴了朱彦夫五十五年。她就像朱彦夫的眼睛、双手和双足,一生无怨无悔地照顾他、支持他。直到二〇一〇年,陈希永患肺癌去世了。

陈希永出殡那天,朱彦夫哭得悲痛欲绝,他坚持为挚爱的妻子披麻送行。要知道,按当地的风俗,只有晚辈才会给逝者披麻戴孝。朱彦夫完全不介意这些,也不听任何人的劝阻,坚持用这种方式,感谢妻子五十五年的支持、理解、陪伴和照顾。

朱彦夫深情地说:"如果我的生命中没有我的妻子,没有她的鼎力支持,我可能很多事都干不成!她比我伟大一千倍、一万倍都不止!我的命运就是这样,我没有选择,而她却自愿选择了我,一个没手没脚的残疾人。她对我工作上的支持,精神上的抚慰,生活上的照顾,让我从深渊走向光明!在我心里,陈希永是我在这个世界上认识的所有人中,最伟大、最无私、最可敬、最可爱的人!"

是的,如果你有机会多了解一下陈希永这个平凡而伟大的女性,你一定会认可朱彦夫对妻子的评价,真的一点儿都不夸张。

朱彦夫最初只是想学会自理,不想只当会喘气的"植物人"。可随着自理能力的日渐提高,他又想为村民做一些力所能及的事情。于是,在陈希永的支持下,他拿出了自己的全部抚恤金,还卖掉陈希永喂了大半年的猪，为村民购买了两百多册图书，在自己家里办起了图书馆。可因为村民都是文盲，有了书也没有人来读。他又在妻子的支持下，办起农民夜校。因为他认识的字不多，白天他就用舌尖翻字典识字，晚上去夜校当老师。他用残臂抱着粉笔把白天刚学会的生字写在自制的黑板上，教乡亲们一个一个地认。

在他们婚后第二年，朱彦夫被推举为张家泉村的党支部书记。张家泉村是出了名的贫困村，只有五百多亩耕地，因为严重缺水，很多耕地都变成了荒地。又是在陈希永的支持下，四肢皆无的朱彦夫拖着一双十几斤重的假肢，走遍了全村的每一个山间地头，带领村民开山造田、兴修水渠、修路架电。

朱彦夫一心扑在工作上，为了买需要的材料，不仅把国家发给他个人的抚恤金全部贴上，还经常把陈希永卖猪、卖鸡蛋的钱也用来"充公"。陈希永不但从无怨言，从不责怪，还总是义无反顾地支持他。

虽然朱彦夫生活能基本自理，但陈希永心疼

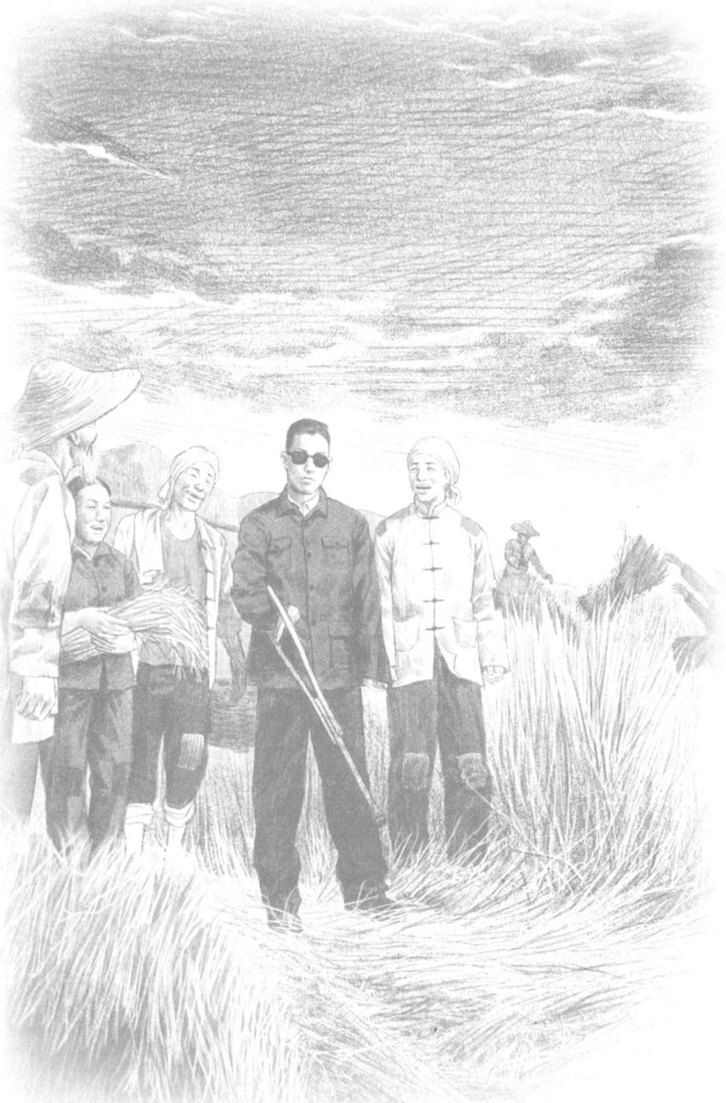

他，总是不让他自己干。穿衣，便解，洗脸，装卸假肢，端水，端药，几乎全部被她包揽。除此之外，陈希永白天还要下地干活儿挣工分，家里推磨、碾米、挑水、拾柴、种菜、缝补、洗衣、做饭、带孩子也全是她一个人干，这一干就是四十多年。

朱彦夫家里女孩多，饭量小，他把多出来的粮食都送给村里的老人和困难户了。政府供应给他的红糖、茶叶等，陈希永和孩子们也很少能吃到，几乎都被朱彦夫按月按时送给五保户了。

有一年秋后，陈希永回娘家看望多年未见的老人。临回来时，亲戚们这家送一瓢，那家送半篓，凑了满满两筐咸鱼，让陈希永带回来给孩子们吃。

在当时，咸鱼可是稀罕东西。孩子们见了都很高兴，但是朱彦夫又让陈希永和大女儿、二女儿去挨家送，他说："明天就是八月十五了，让大伙儿也都尝尝！"

陈希永一向支持朱彦夫，便带着两个女儿挨家送了大半天。人口多的送三条，人口少的送两条，可送到最后只剩下三条时，还有一家没送，朱彦夫又让给那家送两条。

陈希永仍然没说啥，但孩子们不乐意了。大女儿向华噘着嘴说："咱家这么多人就剩下一条了，鱼都给了别人家，咱家都捞不着吃了……"

朱彦夫听了也有些惭愧，感觉很对不起孩子们，但他还是说："咱家咋捞不着吃了？让你妈妈煎鱼时多打两个鸡蛋，再多加一点儿面糊就是。"陈希永接着他的话说："爸爸说的没错。乡亲们都这么支持你爸的工作，咱们送几条咸鱼感谢大伙儿是应该的。"听了陈希永的话，朱彦夫感动得眼泪打湿了眼窝。

无论朱彦夫想干什么，陈希永都是无条件地支持他，从无怨言。在陈希永的全力支持下，朱彦夫带领张家泉村从贫困村变成了富裕村。村里打了水井，有了电灯，荒山变梯田、变果园。乡亲们的口袋鼓起来了，朱彦夫的梦想也实现了。

朱彦夫说："我这一生，最幸福的事就是遇见陈希永。她照顾、支持了我大半辈子，我的生命能走到现在，多亏了她。"

陈希永走了,朱彦夫把他和妻子的合照始终放在床头上。他说:"在我的心里,陈希永从未离开过。"

开启新挑战

一九八二年，一场大病之后，年近五十岁的朱彦夫，从村党支部书记岗位上退下来。陈希永如释重负地说："这下好了，你总算能休息一下了，我也该轻松轻松了。"

"你轻松不了！"朱彦夫半认真半开玩笑地说，"当年指导员要我做的事还没完成呢。接下来我要写一本书，我要把战友们为了国家民族，前仆后继、英勇牺牲的凛然正气和英雄壮举写出来，让他们的精神永远激励和鼓舞后人。当然，我也要写写你，也写写我自己的奋斗经历。"

朱彦夫要做的事情，陈希永从来都是默默支持。但是这次，她劝朱彦夫不要写了："你这只眼的视力本来就不好,写书劳神费脑子,还是多顾及一下你的身体,争取多活几年吧。"

"我是一个兵,生命不止,怎么可能停下战斗的脚步?"他虽然像在说笑,但眼里却闪着坚毅的光芒。

促使朱彦夫决心写作的,除了指导员的临终嘱托,还有这些年来他走遍大江南北应邀到企业、学校、机关、部队做的一千多场报告受到的启发。

他观察到,听他报告的人没有行业之分,没有地域差异,没有年龄界线,他们纷纷睁大眼睛,静静地聆听他的讲述。那些感动的眼泪、掌声和鲜花,还有那一封封真挚的来信,无不告诉他,他讲述的这些不仅能感动人们,还能给人们带来信心和力量。

朱彦夫没怎么上过学,在部队认识的字也不多。回到家乡后,他下决心学文化。为了认更多的字,他就翻字典。残臂翻书页不方便,他就用舌头舔,用嘴巴翻,前后翻烂了四本字典。

他不懂写作技巧,便靠着那只视力仅有0.3的右眼,苦读《钢铁是怎样炼成的》《林海雪原》

等著作，从中学习生字生词、标点运用、遣词造句、写作技巧。

两条残臂翻不开书页，往往一翻就翻好多页，他又得重新去找，好不容易夹住了一页，双臂力量稍微一重，就会刺啦一声将书页撕裂。一本书最终看下来，往往已经被撕得少头缺尾，七零八落。无奈，他就用舌头去舔，口水又不受控制，舔一页，湿一片，一本书不等看完，就已经面目全非了。

"这本书我明明看完了，为啥琢磨不出个道道来呢？没关系，那我就再看一遍吧！"朱彦夫这样嘟囔着，就把那本书又重新读了一遍，直到把其中的语言运用、构思技巧、叙事描写等特点统统理清楚、琢磨透，他才会放过那本差不多已经报废的书。

终于动笔了。最初，他让妻子把被子叠成方块垫在大腿上，再把写字板放在被子上，用嘴衔着笔写，然而口水顺着笔杆往下流，稿纸很快就被浸湿了，他好不容易写下的字迹都模糊了。他就换一张稿纸重新写，再湿再换……

后来，他又把笔绑在残臂上，一遍遍地练习写字。他一开始写的字，每个都像鸡蛋那么大，而且笔画重叠，难以辨认。"这点困难不算啥，大不了我就反复练习，一个字写上百八十遍，我相信这难不倒我！"

冬天，他的双臂被冻麻了，失去知觉，笔尖触不到纸面上。他写了半天，纸上却一个字也没有。夏天，屋里闷热难耐，他不敢开风扇，怕吹乱纸张。他刚写几个字，汗水就像小溪一样顺着胳膊淌下来。

开始他每天只能写十几个字，慢慢地，能写几十个字。但由于笔画重叠、重描等原因，写出来的字难以辨认。他又发明了用嘴、嘴臂并用、残臂绑笔、双臂抱笔等书写方法，每天能写几百个字。

然而，对朱彦夫而言，最让他焦虑和苦恼的是，那么多人和事反复在脑子里出现，他却不知如何写出来。好不容易写在纸上的文字，他总是不满意，撕掉重写，往往会更不满意。

随着创作强度越来越大，朱彦夫的身体也越来越虚弱，视力下降，血压升高，心脏病还时不时地发作。由于身体原因，他一天最多只能写一百多个

开启新挑战

字了……

就这样，朱彦夫一天一天坚持着，一坚持就是七年。他先后七易其稿，终于，在一九九六年七月，三十三万字的自传体小说《极限人生》面世了。收到样书那天，他把自己关在屋子里，流着眼泪，用颤抖的双臂抱着笔，将全连战士的姓名一个不落地写在了书的扉页上。随后，他点燃了书——他用这样特殊的方式告慰牺牲的战友们。

一九九六年十一月，朱彦夫在做一场报告时突发脑血栓，从此他瘫痪了。虽然他再也无法拿笔写作，但病魔仍然没有打倒他。一九九九年，由他口述、请人代笔的自传体小说《男儿无悔》又完成并出版了。

生命不息，战斗不止。这就是朱彦夫！